JN428400

1A 음원 듣기 & 단어챈트 영상

남다른 학습법으로
기적 같은 실력을 보장하는

기적의 영어리딩

체계적인 6단계 커리큘럼

	1 with 파닉스	2 with 주제 어휘	3 with 문장 패턴
목표	큰소리 리딩으로 문자 해독력을 높여요	리딩의 재미를 알며 기초 어휘력을 쌓아요	필수 문형을 접하며 문장 이해력을 높여요
리딩 소스	일상 이야기, 만화, 동화, 서사 논픽션 읽기	일상 이야기, 만화, 동화, 서사 논픽션 읽기	초대장, 포스터, 규칙 등의 정보·지식이 결합된 스토리 읽기
난이도	AR 0.5~1.0 Lexile BR~50 Words 50~70 (6p)	AR 0.7~1.5 Lexile 25~200 Words 70~90 (6p)	AR 1.3~2.3 Lexile 125~400 Words 90~110 (4p)
성취 수준	기초 어휘 180개	초등 3~4학년 교과서 수준 필수 어휘 180개	초등 5~6학년 교과서 수준 필수 어휘 200개

✓ 독해력 성장의 핵심 과정을 탄탄하게 밟아가는 6단계 리딩 프로그램

✓ 기적만의 3-Step 완전학습 시스템으로 확실한 학습 성과를 보장!

✓ 새 교육과정을 연계한 콘텐츠로 리딩 기초부터 중학 수준까지 저절로 완성!

✓ 적정 학습분량과 친절한 학습안내로 혼자서도 끝까지 완주 가능

4 with 문장 구조

다양한 글감을 읽으며 문장 구성력을 키워요

일상 소재의 실용문, 짧은 논픽션 읽기

AR 2.3~3.3
Lexile 420~620
Words 100~130

고학년 독해력 완성

5 with 문법

글을 논리적으로 이해하여 핵심을 파악해요

교과 연계된 최신 소재의 정보글 읽기

AR 3.0~3.9
Lexile 550~680
Words 130~150

예비중 리딩 · 문법 통합

6 with 서술형 영작

읽은 내용을 바탕으로 정리하는 표현력을 길러요

교과 연계된 최신 소재의 정보글, 의견글 읽기

AR 3.7~4.7
Lexile 650~780
Words 150~180

중학 독해 · 서술형 시험 대비

리딩 첫 시작부터 독해력 완성까지!

기본 다지기 — 영어와 친해지는 스토리 리딩으로 기본 바탕을 튼튼히!

Level 1 Level 2 Level 3

기적의 영어리딩 Level 1~3

- 초등 저학년의 영어 성장을 위한 리딩 기초 학습서
- 일상 이야기, 카툰, 동화 등 흥미로운 스토리로 리딩을 즐겁게 시작
- 따라가면 저절로 학습이 완성되는 3-STEP(읽기-이해-확장) 매일 학습
- 리딩의 기본기를 탄탄히 하는 파닉스 → 어휘 → 문장을 순차적으로 강화

실력 완성하기 — 논픽션 리딩으로 읽고 이해하고 표현하는 힘 기르기!

기적의 영어리딩 Level 4~6

- 초등 고학년의 문해력 완성과 중학 영어로의 연결을 돕는 리딩 심화 학습서
- 다양한 실용문과 정보글을 읽으며 글의 구조를 시각화하고 핵심을 파악하는 힘 강화
- 읽은 내용을 바탕으로 정리하고 표현하는 서술형 영작 훈련
- 문장 구조 → 논리적 이해 → 표현력 확장으로 이어지는 단계별 아웃풋 설계

p.26

Duck

Sheep

Bee

Cow

p.29

p.42

hat

kite

mat

bat

umbrella

p.58

bike

mouse

bug

mud

p.65

p.78

fart

stomp

wink

second

p.94

spider

snail

ladybug

four

p.110

wife

turnip

mouse

seed

boy

p.97

1A

리딩 첫 시작
AR 0.5~1.0

기적의 영어리딩

with 파닉스

길벗스쿨

기적만의

3-Step 완전학습 시스템

읽고, 이해하고, 확장하는 3-Step 시스템으로 겉핥기가 아닌 진짜 실력을 키웁니다. 하나의 지문을 3단계에 걸쳐 깊이 있게 학습하면서 콘텐츠를 제대로 소화합니다. 동시에, 리딩의 기본 바탕이 되는 파닉스-어휘력-문장력을 차례로 강화합니다. 단순한 읽기를 넘어 문해력 성장을 위한 핵심 학습이 통합적으로 이루어지는 학습법입니다.

Step 1. 읽기

단어 익히기

스토리 지문을 이해하는 데 필수적인 키워드를 먼저 학습합니다.

스토리 리딩

몰입하여 즐길 수 있는 흥미로운 스토리를 담아, 반복하여 듣고 읽는 동안 단어와 표현을 쉽게 체화합니다.

Step 2. 이해

Step 3. 확장

내용 확인 문제

다양한 유형의 문제를 통해 읽은 내용을 충분히 이해하고, 단어 및 문장을 반복 학습하게 됩니다.

파닉스 강화

실력을 한 단계 더 끌어올리는 핵심학습을 짚고 갑니다.
Level 1에서는 문자 해독력을 높여주는 '파닉스'를 다집니다.

Contents

Level 1-A

How to Study

문자 읽기의 기초를 다지며
흥미진진한 스토리 지문으로 첫 읽기를 즐겁게 시작합니다!

Level 1은 초등 저학년 눈높이에 맞춘 쉬운 문장과 다양한 장르(일상 이야기, 동화, 만화, 서사 논픽션)를 통해 읽는 즐거움을 경험하게 합니다. Read Aloud 가이드를 따라 여러 번 듣고 큰 소리로 읽어 보세요. 읽기 유창성은 물론 콘텐츠 이해력이 빠르게 성장합니다.

더불어 라임(rime) 워드와 파닉스 어휘로 문자 학습을 다지고, 기초 어휘 108개를 확실히 익혀 리딩의 기본기를 탄탄히 쌓습니다.

Step 1. 읽기

핵심 단어를 익힌 다음 지문 따라 읽기

❶ [Key Words]에서 핵심 단어의 발음을 듣고 뜻과 철자를 익혀요.

❷ 간단한 액티비티를 풀며 단어를 즐겁게 복습해요.

❸ 신나는 **[단어 챈트]**를 반복해서 들으며 단어를 확실히 익혀요.

❹ 세 가지 버전의 Read Aloud 가이드 음원을 들으며, 스토리 지문을 듣고 따라 읽어요.

[스토리 듣기] 오디오를 잘 들으며 어떤 내용인지 살펴봐요.

[집중 듣기] 손가락으로 하나씩 짚으며 글자에 집중하여 들어요.

[따라 읽기] 직접 소리내어 읽어봐요. 들려주는 문장을 한 줄씩 따라 읽어보세요.

Step 2. 이해

문제를 풀며 지문을 제대로 이해하기

❶ [Story Check]에서는 여러 유형의 문제를 풀며 스토리의 흐름과 내용을 제대로 이해해요. 문제 속에서 단어와 문장을 반복해 만나며 영어표현을 자연스럽게 익혀요.

❷ 문제 풀이 후 **[별책]** 정답지를 참고하여 채점하고 틀린 문제를 확인해요.

Step 3. 확장

파닉스 점검 후, 스스로 소리내어 읽기

❶ [Phonics]에서, 스토리에 등장한 단어들의 공통 음가와 철자를 확인해요.

❷ 공통 음가끼리 분류하는 문제와 낯선 단어를 읽어보는 [Challenge] 코너로 파닉스를 강화해요.

❸ [I Can Read] 스스로 소리 내어 읽기 연습을 해요. 직접 소리내서 읽을수록 리딩 실력이 좋아집니다.

[Review Test] 리뷰 테스트 2회분이 포함됩니다. Unit 1~3에 대한 테스트와 Unit 4~6에 대한 테스트로 영어 실력을 확인해 볼 수 있어요.

[별책: Practice Book] 단어, 문장, 파닉스, 딕테이션에 관련해 선택적으로 보충학습을 할 수 있습니다.

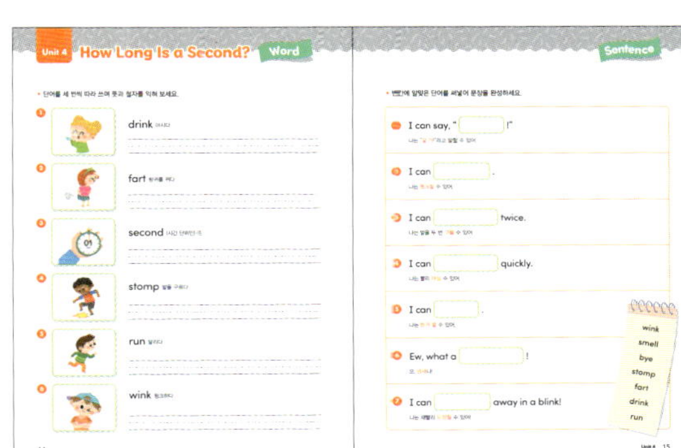

Study Plan

학습 완주를 위해 미리 학습계획을 세워 보세요.
주 5일 학습하여 한 달 완성하기, 또는 주 3일 학습하여 6주 완성하기!
나에게 맞는 계획은 어느 쪽인가요? 목표를 세운 다음, 아래 진도표를 따라 공부해 보세요.

주 5일 학습 스케줄

4 Week

	Unit 1	Unit 1	Unit 1	Unit 2	Unit 2
Week 1	**Step 1** 읽기 본책 p.12~19 별책 p. 2	**Step 2** 이해 본책 p. 20~23 별책 p. 3	**Step 3** 확장 본책 p. 24~26 별책 p. 4~5	**Step 1** 읽기 본책 p. 28~35 별책 p. 6	**Step 2** 이해 본책 p. 36~39 별책 p. 7
	◯월◯일	◯월◯일	◯월◯일	◯월◯일	◯월◯일
	Unit 2	Unit 3	Unit 3	Unit 3	Review Test 1
Week 2	**Step 3** 확장 본책 p. 40~42 별책 p. 8~9	**Step 1** 읽기 본책 p. 44~51 별책 p.10	**Step 2** 이해 본책 p. 52~55 별책 p.11	**Step 3** 확장 본책 p. 56~58 별책 p.12~13	본책 p. 59~62
	◯월◯일	◯월◯일	◯월◯일	◯월◯일	◯월◯일
	Unit 4	Unit 4	Unit 4	Unit 5	Unit 5
Week 3	**Step 1** 읽기 본책 p. 64~71 별책 p.14	**Step 2** 이해 본책 p. 72~75 별책 p.15	**Step 3** 확장 본책 p. 76~78 별책 p.16~17	**Step 1** 읽기 본책 p. 80~87 별책 p.18	**Step 2** 이해 본책 p. 88~91 별책 p.19
	◯월◯일	◯월◯일	◯월◯일	◯월◯일	◯월◯일
	Unit 5	Unit 6	Unit 6	Unit 6	Review Test 2
Week 4	**Step 3** 확장 본책 p. 92~94 별책 p. 20~21	**Step 1** 읽기 본책 p. 96~103 별책 p. 22	**Step 2** 이해 본책 p.104~107 별책 p. 23	**Step 3** 확장 본책 p.108~110 별책 p. 24~25	본책 p.111~114
	◯월◯일	◯월◯일	◯월◯일	◯월◯일	◯월◯일

주 3일 학습 스케줄

6 Week

Week	Step 1 읽기	Step 2 이해	Step 3 확장	Review Test
Week 1 Unit 1	**Step 1** 읽기 본책 p.12~19 별책 p. 2 ◯월◯일	**Step 2** 이해 본책 p. 20~23 별책 p. 3 ◯월◯일	**Step 3** 확장 본책 p. 24~26 별책 p. 4~5 ◯월◯일	
Week 2 Unit 2	**Step 1** 읽기 본책 p. 28~35 별책 p. 6 ◯월◯일	**Step 2** 이해 본책 p. 36~39 별책 p. 7 ◯월◯일	**Step 3** 확장 본책 p. 40~42 별책 p. 8~9 ◯월◯일	
Week 3 Unit 3	**Step 1** 읽기 본책 p. 44~51 별책 p.10 ◯월◯일	**Step 2** 이해 본책 p. 52~55 별책 p.11 ◯월◯일	**Step 3** 확장 븐책 p. 56~58 별책 p.12~13 ◯월◯일	**Review Test 1** 본책 p. 59~62 ◯월◯일
Week 4 Unit 4	**Step 1** 읽기 본책 p. 64~71 별책 p.14 ◯월◯일	**Step 2** 이해 본책 p. 72~75 별책 p.15 ◯월◯일	**Step 3** 확장 본책 p. 76~78 별책 p.16~17 ◯월◯일	
Week 5 Unit 5	**Step 1** 읽기 본책 p. 80~87 별책 p.18 ◯월◯일	**Step 2** 이해 본책 p. 88~91 별책 p.19 ◯월◯일	**Step 3** 확장 본책 p. 92~94 별책 p. 20~21 ◯월◯일	
Week 6 Unit 6	**Step 1** 읽기 본책 p. 96~103 별책 p. 22 ◯월◯일	**Step 2** 이해 본책 p.104~107 별책 p. 23 ◯월◯일	**Step 3** 확장 본책 p.108~110 별책 p. 24~25 ◯월◯일	**Review Test 2** 본책 p.111~114 ◯월◯일

Read Aloud를 위한 4가지 음원

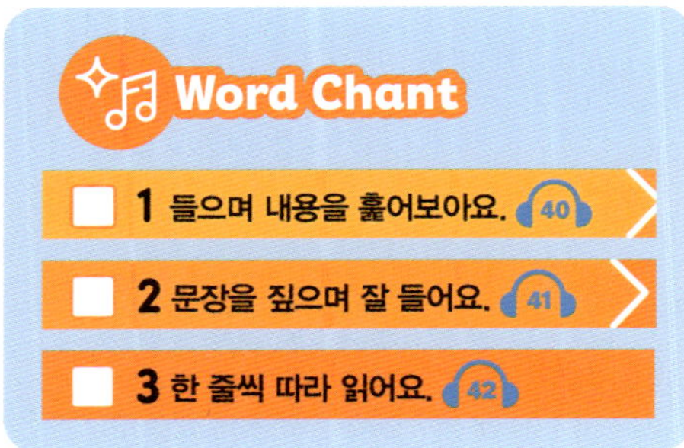

- 읽기 준비를 위한 [단어 챈트]
- 그림과 함께 [스토리 듣기]
- 글자를 짚으며 [집중 듣기]
- 한 문장씩 [따라 읽기]

길벗스쿨 e클래스 에서 오디오 바로 듣기

eclass.gilbut.co.kr에서 학습에 필요한
모든 음원를 제공합니다.
오디오 번호를 찾아 한 번만 탭하면
단어와 스토리를 바로 듣을 수 있어요.

학습의 재미를 더하는 스티커 활동!

그림 스티커를 붙이며 단어·문장을 익혀요.

Unit

1

Hide-and-Seek

STEP 1 읽기	STEP 2 이해	STEP 3 확장
핵심 단어를 익혀서 스토리 듣고 읽기	읽은 내용을 점검하며 스토리 이해하기	파닉스를 강화하여 유창하게 읽기

Key Words

A 그림을 보며 단어를 잘 들어 보세요. 01

1
보다

see

2
젖소

cow

3
양

sheep

4
오리

duck

5
(키가) 작은

short

6
벌

bee

B 단어를 따라 쓴 다음, 알맞은 그림을 찾아 연결하세요.

bee

sheep

cow

short

duck

see

Word Chant 단어를 하나씩 짚으며 단어챈트를 따라 말해 봐요. 02

☐ 1 들으며 내용을 훑어보아요. 03 ☐ 2 문장을 짚으며 잘 들어요. 04 ☐ 3 한 줄씩 따라 읽어요. 05

Hide-and-Seek

Ready or not, here I come!

I see you, Cow!

Cow says,
"Moo! I'm caught."

I see you, Sheep!

Sheep says, "Baa! I'm caught."

I see you, Duck!

Duck says, "Quack! I'm caught."

I found all of you!

Big and small.
Tall and short.

Wait!

Where are you, Bee?

Story Check

A 단어를 잘 듣고, 순서에 맞게 번호를 쓰세요. 06

B 잘 듣고 알맞은 그림과 연결하세요. 07

1 •

2 •

3 •

C 빈칸에 들어갈 알맞은 말을 찾아 V 표시를 하세요.

1

I see you, ______________!

☐ Sheep ☐ Bee

2

Moo! I'm ______________!

☐ Cow ☐ caught

Picture Talk

그림 장면을 보고, 질문에 알맞은 대답을 완성하세요. 08
(오디오를 들으며 답을 확인해 보세요.)

Where are you, Bee?
(벌아, 너 어디 있니?)

I am on your ______________.
(나는 너의 ~ 위에 있어.)

T-shirt	head	nose
(티셔츠)	(머리)	(코)

D 숨바꼭질 놀이에서 다음 장소에 숨어 있는 동물은 누구인가요?

Cow

Sheep

Duck

E 술래 Lion에게 발견된 동물들은 뭐라고 말했나요?

I see you. ☐

I'm caught! ☐

F 스토리를 다시 들으며 이야기 순서에 맞게 번호를 쓰세요. 09

Think & Say

숨어 있던 Bee가 술래 Lion에게 잡혔다면

Bee는 뭐라고 말할까요?

여러분이 Bee가 되어 말해 봐요.

B____________!

I'm c____________!

Phonics

A 단어를 듣고 따라 말해 보세요. 그다음, 빈곳에 알맞은 철자를 쓰세요. 10

1

see → s / ___

2

bee → b / ___

3

sheep → sh / ___ / p

4

small → sm / ___

5

all → ___

6

tall → t / ___

B 단어를 읽으며 따라 쓴 다음, 알맞은 그림을 찾아 번호를 쓰세요.

-ee-

- bee
- see
- sheep

-all

- tall
- small
- all

Challenge 새로운 단어도 스스로 읽을 수 있나요? 오디오를 들으며 확인해 보세요. 11

tree

Yes ☐ No ☐

ball

Yes ☐ No ☐

I Can Read

Hide-and-Seek

Ready or not, here I come!

I see you,  !
Cow says, "Moo! I'm caught."

I see you,  !
Sheep says, "Baa! I'm caught."

I see you,  !
Duck says, "Quack! I'm caught."

I found all of you!
Big and small.
Tall and short.

Wait!
Where are you,  ?

Self-Check

- ☐ 스토리 전체를 스스로 읽을 수 있어요.
- ☐ 배운 단어의 뜻을 잘 알아요.
- ☐ 헷갈리는 발음은 다시 들으며 확실히 익혔어요.

단어 스티커를 붙여 글을 완성하고 큰 소리로 읽어 보세요.
스토리를 다시 들으며 잘 읽었는지 확인해 보세요. 12

Unit

2

Pip and Dot's Picnic

STEP 1 읽기
핵심 단어를 익혀서
스토리 듣고 읽기

STEP 2 이해
읽은 내용을 점검하며
스토리 이해하기

STEP 3 확장
파닉스를 강화하여
유창하게 읽기

Key Words

A 그림을 보며 단어를 잘 들어 보세요. 13

1 더운

hot

2 모자

hat

3 큰

big

4 연

kite

5 비, 비가 내리다

rain

6 우산

umbrella

B 그림 스티커를 붙여서 액자를 완성한 다음, 단어를 따라 쓰세요.

sticker

rain

sticker

umbrella

sticker

big

sticker

hot

sticker

kite

sticker

hat

Word Chant

단어를 하나씩 짚으며 단어챈트를 따라 말해 봐요. 14

Pip and Dot's Picnic

Pip and Dot go on a picnic.

They are happy.

Dot has a mat.
Dot has a bun.
They are too small for Pip.

Dot has a bat.

Dot has a ball.

They are too small for Pip.

The sun is hot.

Pip has a hat.
It is too big for Dot.
It's too big.

Pip has a kite.
It is too big for Dot.

Oh no! Rain!

Pip has a big umbrella.
It is just right for them.
The picnic is fun!

Story Check

A 단어를 잘 듣고, 순서에 맞게 번호를 쓰세요. 18

B 잘 듣고 알맞은 그림과 연결하세요. 19

1

2

3

C 빈칸을 채워서 다음 문장을 완성하세요.

1

Dot has a ball.

Dot ________ a ________.

2

They are too small for Pip.

They are ________ ________ for Pip.

Picture Talk

그림 장면을 보고, 다음 대화를 완성하세요. 20
(오디오를 들으며 답을 확인해 보세요.)

I have a big umbrella.
(난 큰 우산이 있어.)

It is ________________ for us.
(우리한테 ~하네.)

too small　too big　just right

D Pip과 Dot의 물건들은 서로에게 어땠나요? 알맞은 그림과 단어를 찾아 연결하세요.

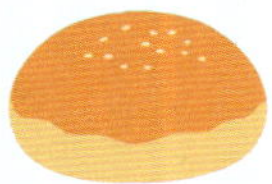

bun

kite

bat

hat

E 날씨가 매우 더울 때, Dot에게 무엇이 필요할까요?

The sun is hot.
What does Dot
need?

F 스토리를 다시 들으며 이야기 순서에 맞게 번호를 쓰세요. 21

Think & Say

여러분에게 너무 작거나 너무 큰 물건이 있나요?
물건 하나를 떠올리며
Pip이나 Dot처럼 말해 보세요.

I have a ________,
But it's too ________
for me!

Phonics

A 단어를 듣고 따라 말해 보세요. 그다음, 빈곳에 알맞은 철자를 쓰세요. 22

1

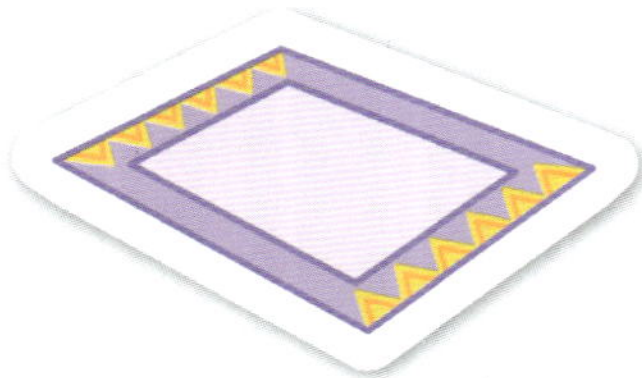

mat → m / ____

2

bat → b / ____

3

hat → h / ____

4

bun → b / ____

5

sun → s / ____

6

fun → f / ____

B 단어를 읽으며 따라 쓴 다음, 알맞은 그림을 찾아 번호를 쓰세요.

-at

○ mat

○ hat

○ bat

-un

○ sun

○ bun

○ fun

1 

2 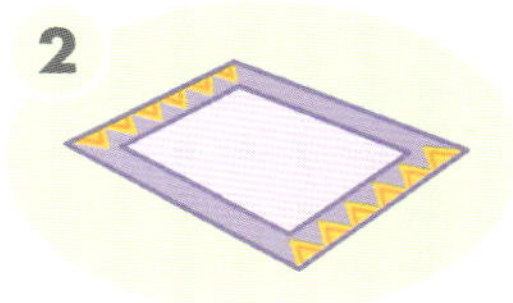

3 

4 

5 

6 

Challenge

새로운 단어도 스스로 읽을 수 있나요? 오디오를 들으며 확인해 보세요. 23

fat

Yes ☐

No ☐

run

Yes ☐

No ☐

I Can Read

Pip and Dot's Picnic

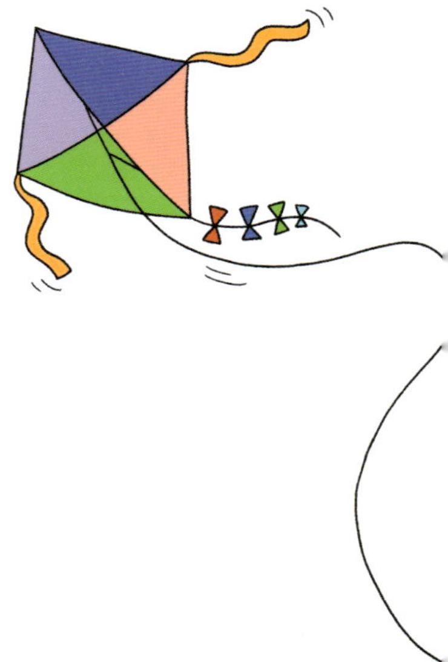

Pip and Dot go on a picnic.
They are happy.

Dot has a  .
Dot has a bun.
They are too small for Pip.

Dot has a  .
Dot has a ball.
They are too small for Pip.

The sun is hot.
Pip has a  .
It is too big for Dot.

Pip has a  .
It is too big for Dot.

Oh no! Rain!
Pip has a big  .
It is just right for them.
The picnic is fun!

Self-Check

- [ ] 스토리 전체를 스스로 읽을 수 있어요.
- [ ] 배운 단어의 뜻을 잘 알아요.
- [ ] 헷갈리는 발음은 다시 들으며 확실히 익혔어요.

단어 스티커를 붙여 글을 완성하고 큰 소리로 읽어 보세요.
스토리를 다시 들으며 잘 읽었는지 확인해 보세요. 24

Unit

3

Fun in the Mud

STEP 1 읽기

핵심 단어를 익혀서 스토리 듣고 읽기

STEP 2 이해

읽은 내용을 점검하며 스토리 이해하기

STEP 3 확장

파닉스를 강화하여 유창하게 읽기

Key Words

A 그림을 보며 단어를 잘 들어 보세요. 25

1

개

dog

2

발견하다

spot

3

(빙빙) 돌다

spin

4

진흙탕

mud

5

뛰다,
점프하다

jump

6

뒤쫓다

chase

B 단어를 따라 쓴 다음, 알맞은 그림을 찾아 연결하세요.

jump

dog

spot

chase

spin

mud

Word Chant

단어를 하나씩 짚으며 단어챈트를 따라 말해 봐요. 26

☐ 1 들으며 내용을 훑어보아요. 27 ☐ 2 문장을 짚으며 잘 들어요. 28 ☐ 3 한 줄씩 따라 읽어요. 29

Fun in the Mud

I am Mike.
This is my dog, Leo.
We like to walk together.

Leo spots a bug.

He spins in the mud.

Leo spots a mouse.

He jumps in the mud.

Leo spots a bike.

He chases after it.

We come home.

There's mud all over the rug.

“It’s okay, Leo.”

I hug Leo.

Story Check

A 단어를 잘 듣고, 순서에 맞게 번호를 쓰세요. (30)

B 잘 듣고 알맞은 그림과 연결하세요. (31)

1 🔊 •

2 🔊 •

3 🔊 •

C 빈칸에 들어갈 알맞은 말을 찾아 V 표시를 하세요.

1

He ________s in the mud.

☐ walk ☐ jump

2

This is my ________, Leo.

☐ rug ☐ dog

Picture Talk

그림 장면을 보고, 질문에 알맞은 대답을 완성하세요. 32
(오디오를 들으며 답을 확인해 보세요.)

What are they doing?
(그들은 무얼 하고 있나요?)

Leo is chasing a ________.
(레오는 ~을 쫓고 있어요.)

Mike is chasing ________.
(마이크는 ~을 쫓고 있어요.)

bug bike Leo

D Leo는 산책 중에 무엇을 봤나요? 그리고 어떤 동작을 했나요?
선을 연결해 보세요.

Leo spots...

a bug

a mouse

a bike

chase

spin

jump

Leo spots a ______________  .

He ______________ s in the mud  .

E 스토리를 다시 들으며 이야기 순서에 맞게 번호를 쓰세요. 33

Think & Say

Leo가 러그를 엉망으로 만들었어요.
하지만 Mike는 Leo를 안아주며
뭐라고 말했나요?

It's ______________,
Leo.

Phonics

A 단어를 듣고 따라 말해 보세요. 그다음, 빈곳에 알맞은 철자를 쓰세요. 34

1

Mike → M ___

2

bike → b ___

3

like → l ___

4
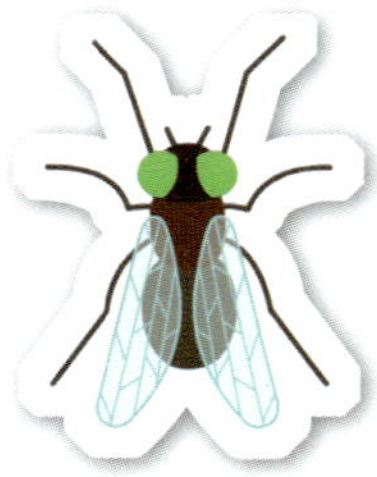
bug → b ___

5

hug → h ___

6
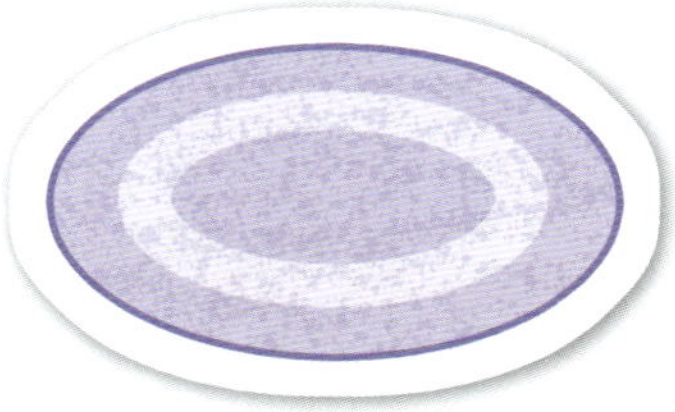
rug → r ___

B 단어를 읽으며 따라 쓴 다음, 알맞은 그림을 찾아 번호를 쓰세요.

-ike		-ug	
○	bike	○	rug
○	like	○	hug
○	Mike	○	bug

1 

2 

3 

4 

5 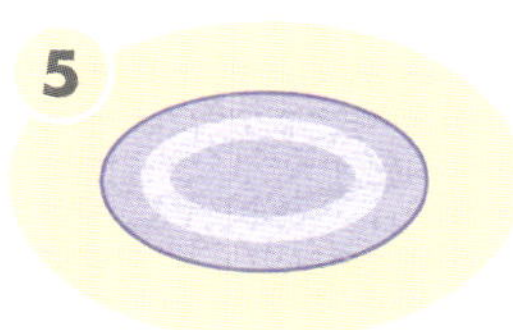

6 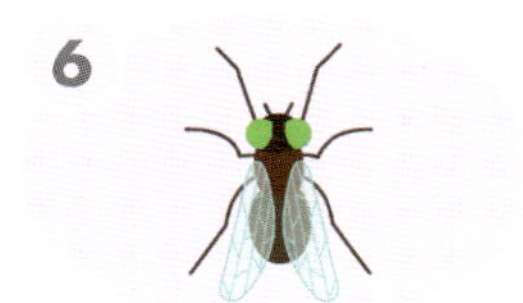

Challenge

새로운 단어도 스스로 읽을 수 있나요? 오디오를 들으며 확인해 보세요. 35

hike

Yes ☐
No ☐

mug

Yes ☐
No ☐

I Can Read

Fun in the Mud

I am Mike.
This is my dog, Leo.
We like to walk together.

Leo spots a  .
He spins in the mud.

Leo spots a  .
He jumps in the mud.

Leo spots a  .
He chases after it.

We come home.
There's  all over the rug.

"It's okay, Leo."
I hug Leo.

Self-Check

- ☐ 스토리 전체를 스스로 읽을 수 있어요.
- ☐ 배운 단어의 뜻을 잘 알아요.
- ☐ 헷갈리는 발음은 다시 들으며 확실히 익혔어요.

단어 스티커를 붙여 글을 완성하고 큰 소리로 읽어 보세요.
스토리를 다시 들으며 잘 읽었는지 확인해 보세요. 36

Review Test 1

Words 그림을 보고 알맞은 단어에 V 표시를 하세요.

/ 10

1 

☐ cow
☐ duck

2 

☐ rain
☐ mud

3 

☐ kite
☐ umbrella

4 

☐ spot
☐ jump

5 

☐ dog
☐ sheep

6 

☐ big
☐ short

7 

☐ bat
☐ kite

8 

☐ see
☐ jump

9 

☐ short
☐ big

10 

☐ mud
☐ hat

Comprehension A 다음을 읽고 알맞은 그림에 V 표시를 하세요.

/ 6

1 a big hat

2 chase after a bike

3 tall and short

4 spin in the mud

5 a big umbrella

6 spot a bug

Comprehension B 빈칸에 들어갈 알맞은 단어에 V 표시를 하세요.

/ 5

1

_________ says, "Quack! I'm caught."

☐ Duck ☐ Bee

2

The kite is too _________ for Dot.

☐ small ☐ big

3

There's _________ all over the rug.

☐ bun ☐ mud

4

The bat is too _________ for Pip.

☐ small ☐ big

5

This is my _________, Leo.

☐ sheep ☐ dog

정답 ▶ 별책 p.40

Phonics 단어를 잘 듣고 알맞은 것에 동그라미 한 뒤, 그림과 연결하세요. 37

/ 8

1 bat / hat

2 sheep / see

3 tall / all

4 hug / bug

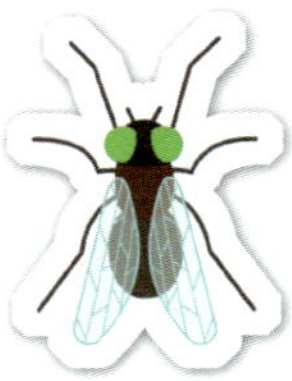

5 sheep / bee

6 sun / fun

7 Mike / bike

8 mat / bat

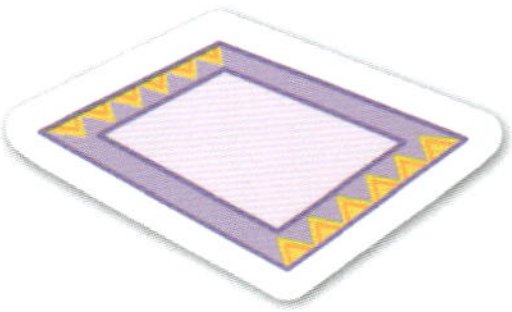

Unit

4

How Long Is a Second?

STEP 1 읽기

핵심 단어를 익혀서
스토리 듣고 읽기

STEP 2 이해

읽은 내용을 점검하며
스토리 이해하기

STEP 3 확장

파닉스를 강화하여
유창하게 읽기

Key Words

A 그림을 보며 단어를 잘 들어 보세요. 38

1 (시간 단위인) 초

second

2 윙크하다

wink

3 발을 구르다

stomp

4 마시다

drink

5 방귀를 뀌다

fart

6 웃다, 미소 짓다

smile

B 그림 스티커를 붙여서 액자를 완성한 다음, 단어를 따라 쓰세요.

stomp

wink

fart

second

drink

smile

Word Chant

단어를 하나씩 짚으며 단어챈트를 따라 말해 봐요. 39

How Long Is a Second?

1 sec

In a second,

I can wink.
Tick-tock
Tick-tock
I can smile.

In a second,

I can drink quickly.
Tick-tock
Tick-tock
That's a small glass!

1
sec
In a second,
I can fart.
Tick-tock
Ew,
what a smell!

I can run away in a blink!
Tick-tock
I'm sorry.

Story Check

A 단어를 잘 듣고, 순서에 맞게 번호를 쓰세요. 43

B 잘 듣고 알맞은 그림과 연결하세요. 44

1

2

3

C 빈칸에 들어갈 알맞은 말을 찾아 V 표시를 하세요.

1

I can ________ quickly.

☐ fart ☐ drink

2

I can ________ high.

☐ jump ☐ wink

Picture Talk

그림 장면을 보고, 질문에 알맞은 대답을 완성하세요. 45
(오디오를 들으며 답을 확인해 보세요.)

Why does Bunny run away?
(버니는 왜 도망가나요?)

Because Piggy ________s.
(피기가 ~하기 때문에요.)

stomp fart drink

D Piggy의 행동에 Bunny는 어떻게 반응했나요? 알맞게 연결하고, 문장을 완성하세요.

Tick-tock Tick-tock

In a second,

Piggy can wink and Bunny can ______________.

Piggy can ______________ and Bunny can jump.

E 스토리를 다시 들으며 이야기 순서에 맞게 번호를 쓰세요. 46

Think & Say

여러분은 1초 만에 어떤 동작을 재빠르게 할 수 있나요? 말해 보고 그 동작을 취해 보세요.

In a second,
I can ____________!

Phonics

A 단어를 듣고 따라 말해 보세요. 그다음, 빈곳에 알맞은 철자를 쓰세요. 47

1

wink → wi / ___

4

small → ___ / all

2

drink → dri / ___

5

smile → ___ / ile

3
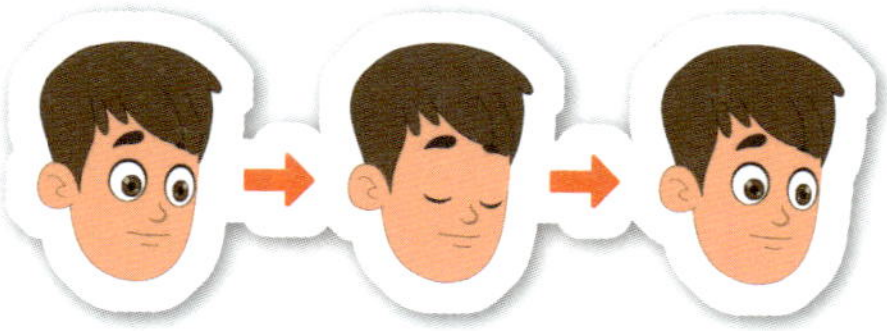

blink → bli / ___

6

smell → ___ / ell

B 단어를 읽으며 따라 쓴 다음, 알맞은 그림을 찾아 번호를 쓰세요.

-nk

- ( ) blink
- ( ) wink
- ( ) drink

sm-

- ( ) small
- ( ) smell
- ( ) smile

1
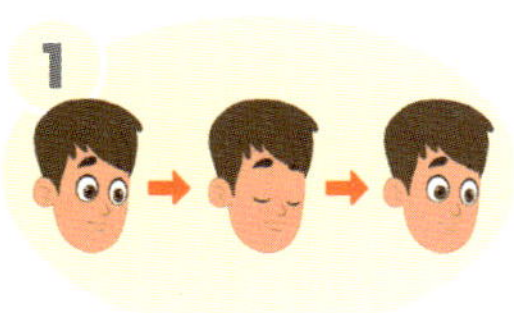

2

3

4

5

6

Challenge 새로운 단어도 스스로 읽을 수 있나요? 오디오를 들으며 확인해 보세요. 48

pink

Yes ☐ No ☐

smart

Yes ☐ No ☐

I Can Read

How Long Is a Second?

In a ,
I can say, "Hi!"
Then, I can say, "Bye!"

I can .
I can smile.

In a second,
I can twice.
I can jump high.

I can drink quickly.
That's a small glass!

In a second,
I can .
Ew, what a smell!

I can run away in a blink!
I'm sorry.

Self-Check

- [ ] 스토리 전체를 스스로 읽을 수 있어요.
- [ ] 배운 단어의 뜻을 잘 알아요.
- [ ] 헷갈리는 발음은 다시 들으며 확실히 익혔어요.

단어 스티커를 붙여 글을 완성하고 큰 소리로 읽어 보세요.
스토리를 다시 들으며 잘 읽었는지 확인해 보세요. 49

Unit

5

How Many Legs?

STEP 1 읽기
핵심 단어를 익혀서
스토리 듣고 읽기

STEP 2 이해
읽은 내용을 점검하며
스토리 이해하기

STEP 3 확장
파닉스를 강화하여
유창하게 읽기

Key Words

A 그림을 보며 단어를 잘 들어 보세요. 50

1 다리

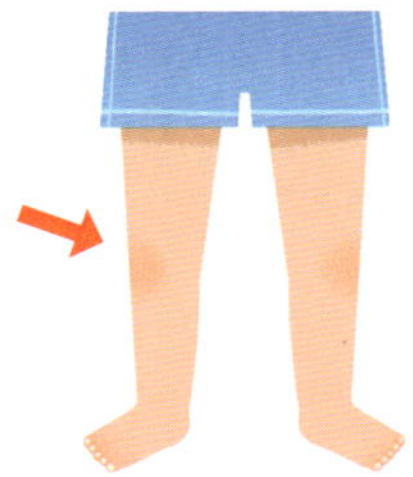

leg

2 4, 넷

four

3 여우

fox

4 무당벌레

ladybug

5 8, 여덟

eight

6 달팽이

snail

B 단어를 따라 쓴 다음, 알맞은 그림을 찾아 연결하세요.

snail

ladybug

leg

four

fox

eight

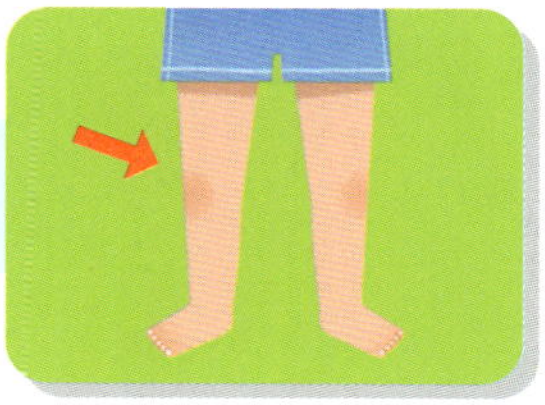

Word Chant

단어를 하나씩 짚으며 단어챈트를 따라 말해 봐요. 51

How Many Legs?

I have two legs.

A duck has two legs, too.

A cat has four legs.

A fox has four legs, too.

A ladybug has six legs.

A bee has six legs, too.

A spider has eight legs.

A scorpion has eight legs, too.

Look!

A millipede has lots of legs!

We can't count them.

A snail has no legs.

Story Check

A 단어를 잘 듣고, 순서에 맞게 번호를 쓰세요. 55

B 잘 듣고 알맞은 그림과 연결하세요. 56

1

2

3

C 빈칸을 채워서 다음 문장을 완성하세요.

1

A fox has four legs.

A ______ has ______ legs.

2

A bee has six legs.

A bee has ______ ______.

Picture Talk

그림 장면을 보고, 알맞은 단어에 동그라미 하세요. 57
(오디오를 들으며 답을 확인해 보세요.)

I see a (bee / spider) on the web. 거미줄 위에 ~가 보여.

It has (six / eight) legs.
그것은 다리가 ~개야.

Look at the scorpion.
전갈 좀 봐.

It has (eight / ten) legs.
그것은 다리가 ~개야.

D 다음 동물들은 다리가 몇 개인가요? 다리 개수가 같은 것끼리 연결하세요.

duck

ladybug

fox

spider

cat

scorpion

I

bee

E 다리 개수를 잘 살펴보고 옳으면 Yes, 틀리면 No에 V표 하세요.

	Yes	No
A millipede has six legs.		
A duck has no legs.		

F 스토리를 다시 들으며 이야기 순서에 맞게 번호를 쓰세요. 58

Think & Say

거미는 곤충이 아니라 동물로 분류돼요. 곤충은 다리가 6개이지만 거미는 8개랍니다. 또 몸의 구조도 곤충과 달라요. 거미에 관한 문장을 완성해 보세요.

A spider has ________ ________!

Phonics

A 단어를 듣고 따라 말해 보세요. 그다음, 빈곳에 알맞은 철자를 쓰세요. 59

1

snail → sn ___ ___ l

2

tail → t ___ ___ l

3

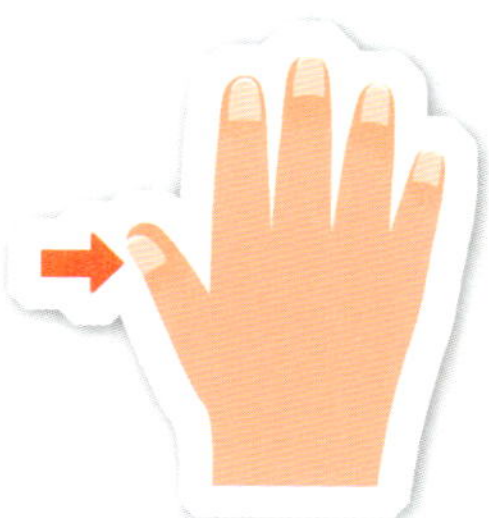

nail → n ___ ___ l

4

six → si ___

5

fox → fo ___

6

box → bo ___

B 단어를 읽으며 따라 쓴 다음, 알맞은 그림을 찾아 번호를 쓰세요.

-ai-	-x
( ) nail	( ) fox
( ) tail	( ) box
( ) snail	( ) six

1

2

3

4

5
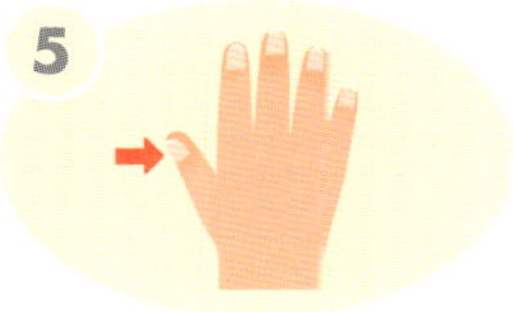

6

Challenge 새로운 단어도 스스로 읽을 수 있나요? 오디오를 들으며 확인해 보세요. 60

mail

Yes ☐ No ☐

fix

Yes ☐ No ☐

I Can Read

How Many Legs?

I have two legs.
A duck has two legs, too.

A cat has four legs.
A fox has [ ] legs, too.
Oh, it has a nice tail!

A [ ] has six legs.
A bee has six legs, too.

A [ ] has eight legs.
A scorpion has eight legs, too.

Look! A millipede has lots of legs!
We can't count them.

A [ ] has no legs.
Look! A snail is on my nail.

Self-Check

- [ ] 스토리 전체를 스스로 읽을 수 있어요.
- [ ] 배운 단어의 뜻을 잘 알아요.
- [ ] 헷갈리는 발음은 다시 들으며 확실히 익혔어요.

단어 스티커를 붙여 글을 완성하고 큰 소리로 읽어 보세요.
스토리를 다시 들으며 잘 읽었는지 확인해 보세요. 61

Unit
6

The Giant Turnip

STEP 1 읽기	STEP 2 이해	STEP 3 확장
핵심 단어를 익혀서 스토리 듣고 읽기	읽은 내용을 점검하며 스토리 이해하기	파닉스를 강화하여 유창하게 읽기

Key Words

A 그림을 보며 단어를 잘 들어 보세요. 62

1 농부

farmer

2 (씨앗 등을) 심다

plant

3 씨, 씨앗

seed

4 거대한

giant

5 순무

turnip

6 당기다, 끌다

pull

B 그림 스티커를 붙여서 액자를 완성한 다음, 단어를 따라 쓰세요.

sticker

plant

sticker

farmer

sticker

turnip

sticker

giant

sticker

pull

sticker

seed

Word Chant

단어를 하나씩 짚으며 단어챈트를 따라 말해 봐요. 63

The Giant Turnip

A farmer plants a tiny seed.

It grows bigger and bigger!
The seed becomes
a giant turnip.

The farmer pulls the giant turnip.
But it doesn't move at all.

His wife comes and pulls.
Still, it doesn't move.

A boy comes and pulls.
It doesn't move.

A dog and a cat join in.
A mouse joins in too.
They pull and pull.

The giant turnip pops out!

They hop with joy.

Now the ground has a big hole.

Story Check

A 단어를 잘 듣고, 순서에 맞게 번호를 쓰세요. 67

○ ○ ○ ○

B 잘 듣고 알맞은 그림과 연결하세요. 68

1 •

2 •

3 •

C 빈칸에 들어갈 알맞은 말을 찾아 V 표시를 하세요.

1

A farmer plants a tiny ________.

☐ seed ☐ hole

2

A boy comes and __________s.

☐ kick ☐ pull

Picture Talk

그림 장면을 보고, 질문에 알맞은 대답을 완성하세요. 69
(오디오를 들으며 답을 확인해 보세요.)

Who will come and help the farmer? (누가 와서 농부를 도와줄까요?)

His __________ will come and pull. (그의 ~가 와서 당길 거예요.)

boy wife dog

D 어떤 순서대로 와서 순무를 뽑았나요? 순서에 맞게 번호를 쓴 후 그림을 찾아 연결하세요.

( ) boy　( ) wife　( ) dog　( ) farmer　( ) mouse　( ) cat

A ______ and a ______ join in.

A ______ joins in too.

They pull and pull.

E 스토리를 다시 들으며 이야기 순서에 맞게 번호를 쓰세요. 70

Think & Say

혼자 하기 힘든 일이 있을 때, 친구에게 어떻게 말하면 좋을까요? 이야기 속에서 알맞은 표현을 찾아 말해 보세요.

Please ________
and ________!

Phonics

A 단어를 듣고 따라 말해 보세요. 그다음, 빈곳에 알맞은 철자를 쓰세요. 71

①

farmer → farm＿＿

②

bigger → bigg＿＿

③

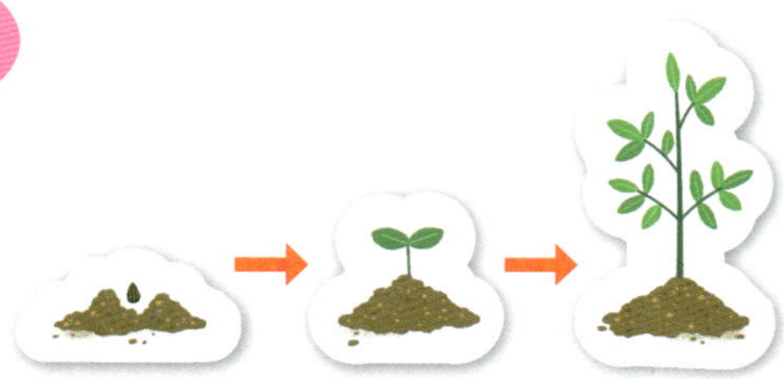

grow → ＿＿ow

④

ground → ＿＿ound

⑤

boy → b＿＿

⑥

joy → j＿＿

B 같은 소리가 나는 단어끼리 모아 알맞은 곳에 쓰세요.

farmer　boy　grow　joy　ground　bigger

gr-

-er

-oy

Challenge

새로운 단어도 스스로 읽을 수 있나요? 오디오를 들으며 확인해 보세요. 72

grass　Yes ☐ No ☐

sister　Yes ☐ No ☐

toy　Yes ☐ No ☐

I Can Read

The Giant Turnip

A farmer plants a tiny  .
It grows bigger and bigger!
The seed becomes a giant turnip.

The farmer pulls the giant  .
But it doesn't move at all.
"Come and help!"

His  comes and pulls.
Still, it doesn't move.
"Come and help!"

A  comes and pulls.
It doesn't move.
"Come and help!"

A dog and a cat join in.
A  joins in too.
They pull and pull.

The giant turnip pops out!
They hop with joy.
Now the ground has a big hole.

Self-Check

- [ ] 스토리 전체를 스스로 읽을 수 있어요.
- [ ] 배운 단어의 뜻을 잘 알아요.
- [ ] 헷갈리는 발음은 다시 들으며 확실히 익혔어요.

단어 스티커를 붙여 글을 완성하고 큰 소리로 읽어 보세요.
스토리를 다시 들으며 잘 읽었는지 확인해 보세요. 73

Review Test ❷

Words 그림을 보고 알맞은 단어에 V 표시를 하세요. / 10

1 
- ☐ farmer
- ☐ wife

2 
- ☐ eight
- ☐ four

3 
- ☐ pull
- ☐ wink

4 
- ☐ plant
- ☐ stomp

5 
- ☐ snail
- ☐ fox

6 
- ☐ giant
- ☐ tiny

7 

- ☐ second
- ☐ smell

8 
- ☐ turnip
- ☐ seed

9 
- ☐ fart
- ☐ pull

10 
- ☐ drink
- ☐ run

Comprehension A 다음을 읽고 알맞은 그림에 V 표시를 하세요.

/ 6

1 four legs

2 stomp twice

3 plant a seed

4 drink quickly

5 eight legs

6 come and pull

Comprehension B 빈칸에 들어갈 알맞은 단어에 V 표시를 하세요.

/ 5

1 

A ____________ is on my nail.

☐ millipede ☐ snail

2 

A boy comes and ____________.

☐ pulls ☐ hops

3 

Piggy can ____________.

☐ fart ☐ run

4 

A ____________ has six legs.

☐ scorpion ☐ ladybug

5 

The giant ____________ pops out!

☐ turnip ☐ bun

정답 ▶ 별책 p.40

Phonics 단어를 잘 듣고 알맞은 것에 동그라미 한 뒤, 그림과 연결하세요. 74

/ 8

1 ground / grow

2 boy / joy

3 tail / nail

4 small / smell

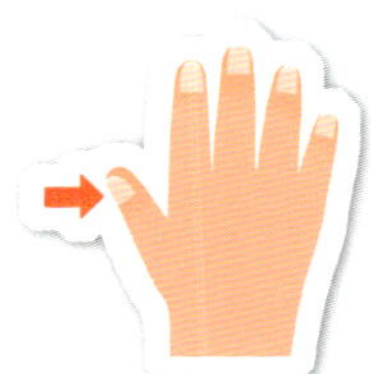

5 drink / wink

6 tail / snail

7 farmer / bigger

8 six / fox

YOU ★
DID IT

저자 C2 Archive (대표 Olene Kim)

지난 20여 년간 영어라는 언어를 어린이들이 어려움 없이 단계적으로 습득해갈 수 있도록
효과적인 교수법을 연구하여 다양한 교재로 구현해 온 영어교육 전문 집필진입니다.
파닉스, 리딩, 코스북, 문법 등 여러 분야의 ELT 교재와 영어 단행본 학습서를 집필·개발하였습니다.

저자 기적학습연구소

"혼자서 작은 산을 넘는 아이가 나중에 큰 산도 넘습니다." 본 연구소는 아이들이 혼자서 큰 산까지
넘을 수 있는 힘을 키워주고자 합니다. 아이들의 연령에 맞게 학습의 산을 작게 만들어 혼자서도
쉽게 넘을 수 있게 만듭니다. 때로는 작은 고난도 경험하게 하여 성취감도 맛보게 합니다.
그리고 아이들에게 실제로 적용해서 검증을 통해 차근차근 책을 만듭니다.

기적의 영어리딩 Level 1A

Miracle Series – Reading English

초판 발행 • 2025년 11월 15일
초판 2쇄 발행 • 2026년 2월 13일

지은이 • C2 Archive, 기적학습연구소

발행인 • 이종원
발행처 • (주)길벗스쿨
출판사 등록일 • 2025년 5월 28일 | **주소** • 서울시 마포구 월드컵로 10길 56(서교동) | **대표 전화** • 02)332-0931 | **팩스** • 02)323-0586
홈페이지 • www.gilbutschool.co.kr | **이메일** • gilbut@gilbut.co.kr

담당편집 • 이경희(natura@gilbut.co.kr), 최주연, 김예지, 유서현 | **기획** • 이경희, 김남희, 박민혜 | **영문 감수** • Ryan P. Lagace | **디자인** • 이현숙 | **제작** • 손일순
영업마케팅 • 문세연, 박선경, 구혜지, 박다슬 | **웹마케팅** • 박달님, 이재윤, 이지수, 나혜연 | **영업관리** • 정경화 | **독자지원** • 윤정아
전산편집 • 연디자인 | **삽화** • 박소현, 삼식이, 백정석, 최선화, 김보경 | **인쇄** • 영림인쇄 | **제본** • 영림제본 | **녹음** • 아람 멀티미디어

Photo Credits
해당 이미지는 Shutterstock.com의 라이선스 하에 사용되었습니다.
p.80 (alexei_tm, Karina Mako) p.81 (Zulaima Rakhmatiar, Jolanda Aalbers) p.82 (sophiecat) p.83 (Sigma_S) p.84 (Niwat panket) p.85 (Johan Swanepoel)

ISBN 979-11-7467-044-1 64740 (길벗 도서번호 30611)
정가 17,000원

제 품 명 : 기적의 영어리딩 1A
제조사명 : 길벗스쿨
제조국명 : 대한민국
전화번호 : 02-332-0931
주 소 : 서울시 마포구 월드컵로 10길 56 (서교동)
제조년월 : 판권에 별도 표기
사용연령 : **8세 이상**
KC마크는 이 제품이 공통안전기준에 적합하였음을 의미합니다.

기적 영어 학습서

기본이 탄탄! 실전에서 척척!
유초등 필수 영어능력을 길러주는 코어 학습서

유아 영어

재미있는 액티비티가 가득한
4~6세를 위한 영어 워크북

4세 이상 | 5세 이상 | 6세 이상 | 6세 이상

파닉스 완성 프로그램

알파벳 음가 ➜ 사이트워드
➜ 읽기 연습까지!
리딩을 위한 탄탄한 기초 만들기

6세 이상 전 3권 | 1~3학년 | 1~3학년 전 3권

영어 단어

영어 실력의 가장 큰 바탕은 어휘력!
교과과정 필수 어휘 익히기

3학년 이상 전 2권 | 1~2학년 전 2권 | 3~4학년 전 2권 | 5~6학년 전 2권

영어 리딩

체계적인 단계별 학습으로
종합적인 영어 문해력 키우기

1~2학년 전 3권 | 1~2학년 전 3권 | 3학년 이상 전 3권 | 2~4학년 전 3권 | 5~6학년 전 2권

영어 라이팅

저학년은 패턴 영작으로,
고학년은 5형식 문장 만들기 연습으로
튼튼한 영작 실력 완성

2학년 이상 전 4권 | 4학년 이상 전 5권 | 5학년 이상 전 2권 | 6학년 이상

영어일기

한 줄 쓰기부터 생활일기,
주제일기까지!
영어 글쓰기 실력을 키우는 시리즈

3학년 이상 | 4~5학년 | 5~6학년

영문법

중학 영어 대비, 영어 구사
정확성을 키워주는 영문법 학습

4~5학년 전 2권 | 5~6학년 전 3권 | 6학년 이상 | 5~6학년 전 2권

초등 필수 영어 무작정 따라하기

초등 시기에 놓쳐서는 안 될 필수 학습은 바로 영어 교과서!
영어 교과서 5종의 핵심 내용을 쏙쏙 뽑아 한 권으로 압축 정리했습니다.
초등 과정의 필수학습으로 기초를 다져서 중학교 및 상위 학습의 단단한 토대가 되게 합니다.

1~2학년

2~3학년

2~3학년

3학년 이상

4학년 이상

미국교과서 리딩

문제의 차이가 영어 실력의 차이! 논픽션 리딩에 강해지는 《미국교과서 READING》
논픽션 리딩에 가장 좋은 재료인 미국 교과과정의 주제를 담은 지문을 읽고, 독해력과
문제 해결력을 두루 향상시킬 수 있도록 구성한 단계별 리딩 프로그램

LEVEL 1

준비 단계

LEVEL 2

시작 단계

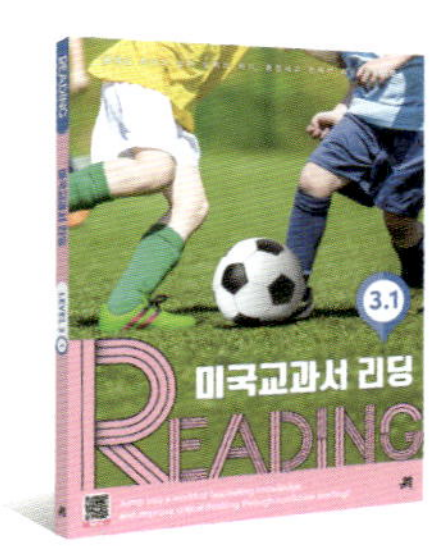

LEVEL 3

정독 연습 단계

LEVEL 4

독해 정확성 향상 단계

LEVEL 5

독해 통합심화 단계

1A

리딩 첫 시작
AR 0.5~1.0

기적의 영어리딩

with 파닉스

Practice Book

(정답과 해석 포함)

길벗스쿨

기적의 영어리딩 1A

Practice Book

(정답과 해석 포함)

Hide-and-Seek

Word

• 단어를 세 번씩 따라 쓰며 뜻과 철자를 익혀 보세요.

1 

bee 벌

2 

cow 젖소

3 

duck 오리

4 

see 보다

5 

sheep 양

6 

short (키가) 작은

Sentence

• 빈칸에 알맞은 단어를 써넣어 문장을 완성하세요.

1. I see you, ______ !
   소야, 너 보인다!

2. I see you, ______ !
   양아, 너 보인다!

3. I see you, ______ !
   오리야, 너 보인다!

4. "Quack! I'm ______ ."
   "꽥! 난 잡혔어."

5. I ______ all of you!
   너희 모두를 찾았어!

6. ______ and small.
   크고 작아.

7. Where are you, ______ ?
   벌아, 넌 어디 있어?

Duck
Cow
caught
Sheep
big
found
Bee

Unit 1

Hide-and-Seek

Listening

● 잘 듣고 알맞은 단어에 동그라미 하세요.

P1.mp3

Ready or not, here I come!

I see you, (Duck / Cow)!

Cow says, “Moo! I'm caught.”

I see you, (Sheep / Bee)!

Sheep says “Baa! I'm caught.”

I see you, (Lion / Duck)!

Duck says, “Quack! I'm caught.”

I found all of you!

Big and (short / small).

Tall and (short / small).

Wait!

(When / Where) are you, Bee?

• 같은 소리를 가진 단어들끼리 모아 아래 표에 쓰세요.

see　　bee　　tall

ball　　small

sheep　　all　　tree

-ee-

-all

Unit 2 Pip and Dot's Picnic

Word

• 단어를 세 번씩 따라 쓰며 뜻과 철자를 익혀 보세요.

1

big 큰

2

hat 모자

3

hot 더운

4

kite 연

5

rain 비, 비가 내리다

6

umbrella 우산

Sentence

• 빈칸에 알맞은 단어를 써넣어 문장을 완성하세요.

1. Pip and Dot go on a ________.
   핍과 닷은 소풍을 가요.

2. Dot has a ________.
   닷은 매트를 가지고 있어요.

3. They are too ________ for Pip.
   그것들은 핍에겐 너무 작아요.

4. The sun is ________.
   태양이 뜨거워요.

5. Pip has a ________.
   핍은 모자를 가지고 있어요.

6. Oh no! ________!
   오 이런! 비다!

7. Pip has a big ________.
   핍은 큰 우산을 가지고 있어요.

mat
hot
picnic
rain
small
umbrella
hat

Unit 2

Pip and Dot's Picnic

Listening

• 잘 듣고 알맞은 단어에 동그라미 하세요.

P2.mp3

Pip and Dot go on a picnic.
They are happy.

Dot has a (bat / mat).
Dot has a bun.
They are too (small / big) for Pip.

Dot has a bat.
Dot has a (tall / ball).
They are too small for Pip.

The sun is hot.
Pip has a (mat / hat).
It is too big for Dot.

Pip has a (kite / bite).
It is too big for Dot.

Oh no! Rain!
Pip has a big umbrella.
It is just right for them.
The picnic is (fun / run)!

• 같은 소리를 가진 단어들끼리 모아 아래 표에 쓰세요.

hat bat bun

sun fun

run mat fat

-at

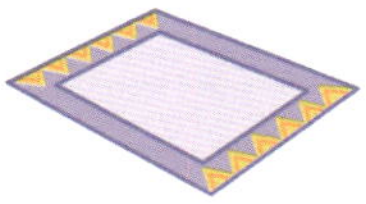

-un

Unit 3 Fun in the Mud

Word

• 단어를 세 번씩 따라 쓰며 뜻과 철자를 익혀 보세요.

1 

chase 뒤쫓다

2 

dog 개

3 

jump 뛰다, 점프하다

4 

mud 진흙탕

5 

spin (빙빙) 돌다

6 

spot 발견하다

Sentence

• 빈칸에 알맞은 단어를 써넣어 문장을 완성하세요.

1. This is my ________ , Leo.
   이것은 나의 개, 레오예요.

2. We ________ to walk together.
   우리는 함께 걷는 걸 좋아해요.

3. Leo spots a ________ .
   레오가 벌레를 발견해요.

4. He ________ s in the mud.
   그는 진흙탕 속에서 빙빙 돌아요.

5. He ________ s in the mud.
   그는 진흙에서 뛰어요.

6. He ________ s after it.
   그는 그것을 뒤쫓아 가요.

7. There's ________ all over the rug.
   진흙이 깔개 곳곳에 묻어 있어요.

chase
like
jump
bug
dog
spin
mud

Unit 3

Fun in the Mud

Listening

• 잘 듣고 알맞은 단어에 동그라미 하세요.

P3.mp3

I am (Bike / Mike).

This is my dog, Leo.

We (like / come) to walk together.

Leo spots a (rug / bug).

He spins in the mud.

Leo spots a mouse.

He jumps in the (mud / rug).

Leo spots a bike.

He (races / chases) after it.

We come home.

There's (bud / mud) all over the rug.

"It's okay, Leo."

I hug Leo.

• 같은 소리를 가진 단어들끼리 모아 아래 표에 쓰세요.

bike bug like

hike hug

rug Mike mug

-ike

-ug

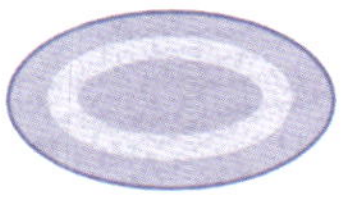

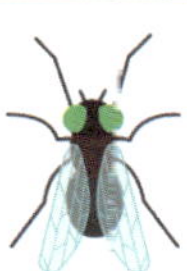

Unit 4 How Long Is a Second? Word

• 단어를 세 번씩 따라 쓰며 뜻과 철자를 익혀 보세요.

1 

drink 마시다

2 

fart 방귀를 뀌다

3 

second (시간 단위인) 초

4 

smile 웃다, 미소 짓다

5 

stomp 발을 구르다

6 

wink 윙크하다

Sentence

• 빈칸에 알맞은 단어를 써넣어 문장을 완성하세요.

1. I can say, " ______ !"
   나는 "잘 가!"라고 말할 수 있어.

2. I can ______ .
   나는 윙크할 수 있어.

3. I can ______ twice.
   나는 발을 두 번 구를 수 있어.

4. I can ______ quickly.
   나는 빨리 마실 수 있어.

5. I can ______ .
   나는 방귀 뀔 수 있어.

6. Ew, what a ______ !
   으, 냄새나!

7. I can ______ away in a blink!
   나는 재빨리 도망칠 수 있어!

wink
smell
bye
stomp
fart
drink
run

Unit 4

How Long Is a Second? Listening

● 잘 듣고 알맞은 단어에 동그라미 하세요.

P4.mp3

In a (minute / second),

Piggy: I can say, "Hi!"

Bunny: Then, I can say, "Bye!"

Piggy: I can (wink / blink).

Bunny: I can smile.

In a second,

Piggy: I can stomp twice.

Bunny: I can (jump / smile) high.

Piggy: I can (drink / wink) quickly.

Bunny: That's a small glass!

In a second,

Piggy: I can fart.

Bunny: Ew, what a (smell / small)!

Bunny: I can (walk / run) away in a blink!

Piggy: I'm sorry.

• 같은 소리를 가진 단어들끼리 모아 아래 표에 쓰세요.

wink　drink　smell

smile　small

blink　pink　smart

-nk
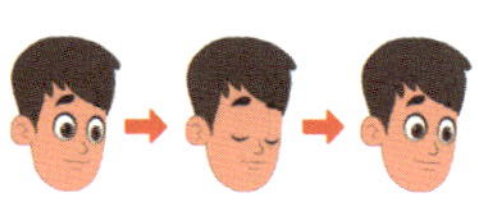

sm-

Unit 5

How Many Legs?

Word

• 단어를 세 번씩 따라 쓰며 뜻과 철자를 익혀 보세요.

1 

eight 8, 여덟

2 

four 4, 넷

3 

fox 여우

4 

ladybug 무당벌레

5 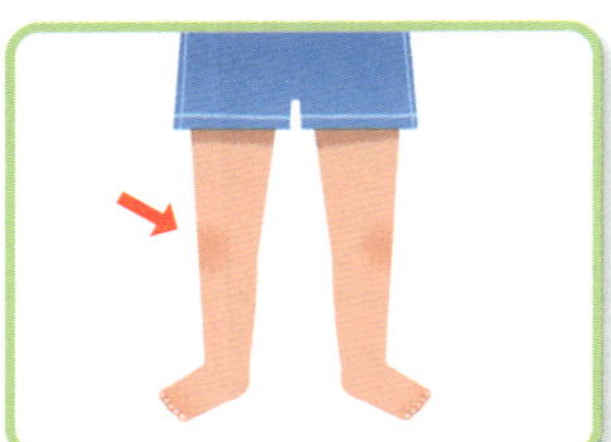

leg 다리

6 

snail 달팽이

Sentence

• 빈칸에 알맞은 단어를 써넣어 문장을 완성하세요.

1. A duck has ______ legs, too.
   오리도 다리가 두 개예요.

2. A cat has ______ legs.
   고양이는 다리가 네 개예요.

3. A ______ has six legs.
   무당벌레는 다리가 여섯 개예요.

4. A ______ has eight legs, too.
   전갈도 다리가 여덟 개예요.

5. A ______ has lots of legs!
   노래기는 다리가 많아요!

6. A ______ has no legs.
   달팽이는 다리가 없어요.

7. A snail is on my ______.
   달팽이가 내 손톱 위에 있어.

ladybug
nail
two
scorpion
four
snail
millipede

How Many Legs?

Listening

• 잘 듣고 알맞은 단어에 동그라미 하세요.

P5.mp3

I have (five / two) legs.
A duck has two legs, too.

A cat has four legs.
A (fox / ladybug) has four legs, too.
Oh, it has a nice (tail / nail)!

A ladybug has six legs.
A bee has six legs, too.

A spider has (eight / six) legs.
A scorpion has eight legs, too.

Look!
A millipede has lots of legs!
We can't (count / bound) them.

A snail has no legs.
Look! A snail is on my (tail / nail).

• 같은 소리를 가진 단어들끼리 모아 아래 표에 쓰세요.

box

fox

fix

six

snail

mail

nail

tail

-ai-

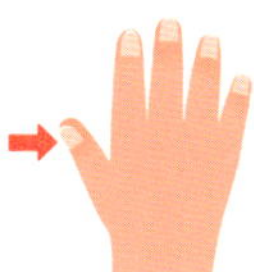

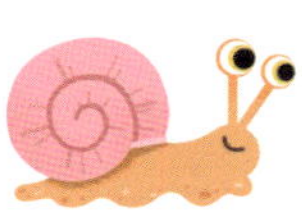

-x

Unit 6

The Giant Turnip

Word

- 단어를 세 번씩 따라 쓰며 뜻과 철자를 익혀 보세요.

1

farmer 농부

2

giant 거대한

3

plant (씨앗 등을) 심다

4

pull 당기다, 끌다

5

seed 씨, 씨앗

6

turnip 순무

Sentence

• 빈칸에 알맞은 단어를 써넣어 문장을 완성하세요.

1. A ________ plants a tiny seed.
   농부가 작은 씨앗을 심어요.

2. It grows ________ and bigger!
   그것은 점점 더 크게 자라요!

3. His wife comes and ________s.
   농부의 아내가 와서 함께 당겨요.

4. Still, it doesn't ________.
   여전히, 그것은 움직이지 않아요.

5. The giant ________ pops out!
   거대한 순무가 뽑혀 나와요!

6. They ________ with joy.
   그들은 기뻐서 깡충깡충 뛰어요.

7. Now the ground has a big ________.
   이제 땅에 커다란 구멍이 있어요.

move
bigger
hop
pull
turnip
farmer
hole

The Giant Turnip

Listening

• 잘 듣고 알맞은 단어에 동그라미 하세요.

P6.mp3

A farmer plants a (giant / tiny) seed.
It grows bigger and bigger!
The seed becomes a giant turnip.

The farmer (pushes / pulls) the giant turnip.
But it doesn't move at all.
"Come and help!"

His wife comes and pulls.
Still, it (doesn't / do) move.
"Come and help!"

A (toy / boy) comes and pulls.
It doesn't move.
"Come and help!"

A dog and a cat join (out / in).
A mouse joins in too.
They pull and pull.

The giant turnip pops out!
They hop with joy.
Now the (ground / grass) has a big hole.

• 같은 소리를 가진 단어들끼리 모아 아래 표에 쓰세요.

joy sister ground

boy bigger toy

farmer grow grass

gr-	-er	-oy

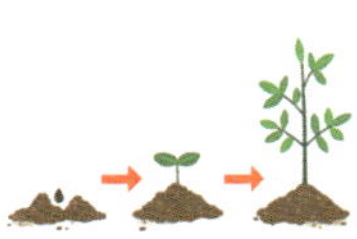		

Practice Book 정답

Unit 1

p.3 Sentence

• 빈칸에 알맞은 단어를 써넣어 문장을 완성하세요.

1. I see you, Cow!
2. I see you, Sheep!
3. I see you, Duck!
4. "Quack! I'm caught."
5. I found all of you!
6. Big and small.
7. Where are you, Bee?

Duck / Cow / caught / Sheep / big / found / Bee

Unit 1 3

p.4 Unit 1 Hide-and-Seek Listening

• 잘 듣고 알맞은 단어에 동그라미 하세요.

Ready or not, here I come!

I see you, (Duck / Cow)! — Cow
Cow says, "Moo! I'm caught."

I see you, (Sheep / Bee)! — Sheep
Sheep says "Baa! I'm caught."

I see you, (Lion / Duck)! — Duck
Duck says, "Quack! I'm caught."

I found all of you!
Big and (short / small). — small
Tall and (short / small). — short

Wait!
(When / Where) are you, Bee? — Where

4

p.5 Phonics

• 같은 소리를 가진 단어들끼리 모아 아래 표에 쓰세요.

see, bee, tall, ball, small, sheep, all, tree

-ee-	-all
bee	tall
see	small
sheep	all
tree	ball

Unit 1 5

Unit 2

p.7 Sentence

• 빈칸에 알맞은 단어를 써넣어 문장을 완성하세요.

1. Pip and Dot go on a picnic.
2. Dot has a mat.
3. They are too small for Pip.
4. The sun is hot.
5. Pip has a hat.
6. Oh no! Rain!
7. Pip has a big umbrella.

mat / hot / picnic / rain / small / umbrella / hat

Unit 2 7

p.8 Unit 2 Pip and Dot's Picnic Listening

• 잘 듣고 알맞은 단어에 동그라미 하세요.

Pip and Dot go on a picnic.
They are happy.

Dot has a (bat / mat). — mat
Dot has a bun.
They are too (small / big) for Pip. — small

Dot has a bat.
Dot has a (tall / ball). — ball
They are too small for Pip.

The sun is hot.
Pip has a (mat / hat). — hat
It is too big for Dot.

Pip has a (kite / bite). — kite
It is too big for Dot.

Oh no! Rain!
Pip has a big umbrella.
It is just right for them.
The picnic is (fun / run)! — fun

8

p.9 Phonics

• 같은 소리를 가진 단어들끼리 모아 아래 표에 쓰세요.

hat, bat, bun, sun, fun, run, mat, fat

-at	-un
mat	sun
hat	bun
bat	fun
fat	run

Unit 2 9

Unit 3

p.11 Sentence

• 빈칸에 알맞은 단어를 써넣어 문장을 완성하세요.

1. This is my dog, Leo.
2. We like to walk together.
3. Leo spots a bug.
4. He spins in the mud.
5. He jumps in the mud.
6. He chases after it.
7. There's mud all over the rug.

chase / like / jump / bug / dog / spin / mud

Unit 3 11

p.12 Unit 3 Fun in the Mud Listening

• 잘 듣고 알맞은 단어에 동그라미 하세요.

I am (Bike / Mike). — Mike
This is my dog, Leo.
We (like / come) to walk together. — like

Leo spots a (rug / bug). — bug
He spins in the mud.

Leo spots a mouse.
He jumps in the (mud / rug). — mud

Leo spots a bike.
He (races / chases) after it. — chases

We come home.
There's (bud / mud) all over the rug. — mud

"It's okay, Leo."
I hug Leo.

12

p.13 Phonics

• 같은 소리를 가진 단어들끼리 모아 아래 표에 쓰세요.

bike, bug, like, hike, hug, rug, Mike, mug

-ike	-ug
bike	rug
like	hug
Mike	bug
hike	mug

Unit 3 13

Unit 4

p.15 Sentence

• 빈칸에 알맞은 단어를 써넣어 문장을 완성하세요.

1. I can say, "Bye!"
2. I can wink.
3. I can stomp twice.
4. I can drink quickly.
5. I can fart.
6. Ew, what a smell!
7. I can run away in a blink!

wink / smell / bye / stomp / fart / drink / run

p.16 Unit 4 How Long Is a Second? Listening

• 잘 듣고 알맞은 단어에 동그라미 하세요.

In a (minute / second), — second
Piggy: I can say, "Hi!"
Bunny: Then, I can say, "Bye!"

Piggy: I can (wink / blink). — wink
Bunny: I can smile.

In a second,
Piggy: I can stomp twice.
Bunny: I can (jump / smile) high. — jump

Piggy: I can (drink / wink) quickly. — drink
Bunny: That's a small glass!

In a second,
Piggy: I can fart.
Bunny: Ew, what a (smell / small)! — smell

Bunny: I can (walk / run) away in a blink! — run
Piggy: I'm sorry.

p.17 Phonics

• 같은 소리를 가진 단어들끼리 모아 아래 표에 쓰세요.

wink, drink, smell, smile, small, blink, pink, smart

-nk	sm-
blink	small
wink	smell
drink	smile
pink	smart

Unit 5

p.19 Sentence

• 빈칸에 알맞은 단어를 써넣어 문장을 완성하세요.

1. A duck has two legs, too.
2. A cat has four legs.
3. A ladybug has six legs.
4. A scorpion has eight legs, too.
5. A millipede has lots of legs!
6. A snail has no legs.
7. A snail is on my nail.

ladybug / nail / two / scorpion / four / snail / millipede

p.20 Unit 5 How Many Legs? Listening

• 잘 듣고 알맞은 단어에 동그라미 하세요.

I have (five / two) legs. — two
A duck has two legs, too.

A cat has four legs.
A (fox / ladybug) has four legs, too. — fox
Oh, it has a nice (tail / nail)! — tail

A ladybug has six legs.
A bee has six legs, too.

A spider has (eight / six) legs. — eight
A scorpion has eight legs, too.

Look!
A millipede has lots of legs!
We can't (count / bound) them. — count

A snail has no legs.
Look! A snail is on my (tail / nail). — nail

p.21 Phonics

• 같은 소리를 가진 단어들끼리 모아 아래 표에 쓰세요.

box, fox, fix, six, snail, mail, nail, tail

-ai-	-x
nail	fox
tail	box
snail	six
mail	fix

Unit 6

p.23 Sentence

• 빈칸에 알맞은 단어를 써넣어 문장을 완성하세요.

1. A farmer plants a tiny seed.
2. It grows bigger and bigger!
3. His wife comes and pulls.
4. Still, it doesn't move.
5. The giant turnip pops out!
6. They hop with joy.
7. Now the ground has a big hole.

move / bigger / hop / pull / turnip / farmer / hole

p.24 Unit 6 The Giant Turnip Listening

• 잘 듣고 알맞은 단어에 동그라미 하세요.

A farmer plants a (giant / tiny) seed. — tiny
It grows bigger and bigger!
The seed becomes a giant turnip.

The farmer (pushes / pulls) the giant turnip. — pulls
But it doesn't move at all.
"Come and help!"

His wife comes and pulls.
Still, it (doesn't / do) move. — doesn't
"Come and help!"

A (toy / boy) comes and pulls. — boy
It doesn't move.
"Come and help!"

A dog and a cat join (out / in). — in
A mouse joins in too.
They pull and pull.

The giant turnip pops out!
They hop with joy.
Now the (ground / grass) has a big hole. — ground

p.25 Phonics

• 같은 소리를 가진 단어들끼리 모아 아래 표에 쓰세요.

joy, sister, ground, boy, bigger, toy, farmer, grow, grass

gr-	-er	-oy
ground	bigger	boy
grow	farmer	joy
grass	sister	toy

Story Reading

p.14

준비가 됐든 안 됐든, 나 찾으러 간다!

p.15

소야, 너 보인다!

소가 말해요,

"음메! 난 잡혔어."

Tip I'm caught.는 숨바꼭질 놀이에서 술래에게 잡혔을 때 "나 잡혔네."라는 뜻으로 하는 말이에요.

p.16

양아, 너 보인다!

양이 말해요, "메에! 난 잡혔어."

p.17

오리야, 너 보인다!

오리가 말해요, "꽥! 난 잡혔어."

p.14

너희 모두를 찾았어!

큰 친구, 작은 친구.

키가 큰 친구, 키가 작은 친구.

p.19

잠깐!

벌아, 넌 어디 있어?

Tip 동물 이름(Cow, Sheep 등)은 보통 일반 동물을 부르는 단어이지만 본문에서는 그 자체가 동물들의 이름처럼 쓰였으므로 첫 글자를 대문자로 시작했어요.

Story Words

ready 준비가 된	cow 젖소	come 오다	duck 오리
big 큰	tall (키가) 큰	short (키가) 작은	bee 벌

Phonics Words

-ee-	see 보다	bee 벌	sheep 양	tree 나무
-all	small 작은	all 모두, 모든	tall (키가) 큰	ball 공

Answers

p.13

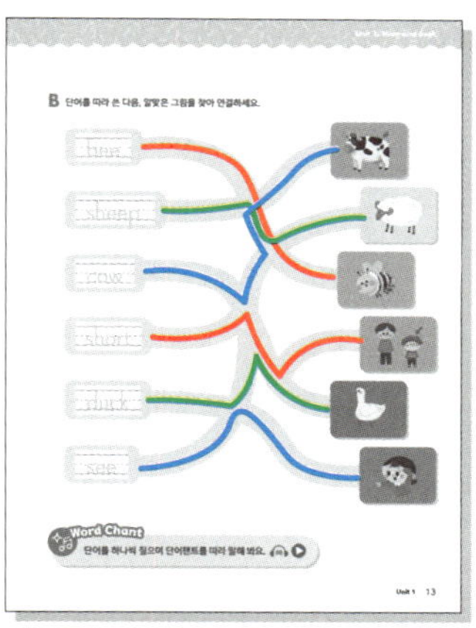

p.20

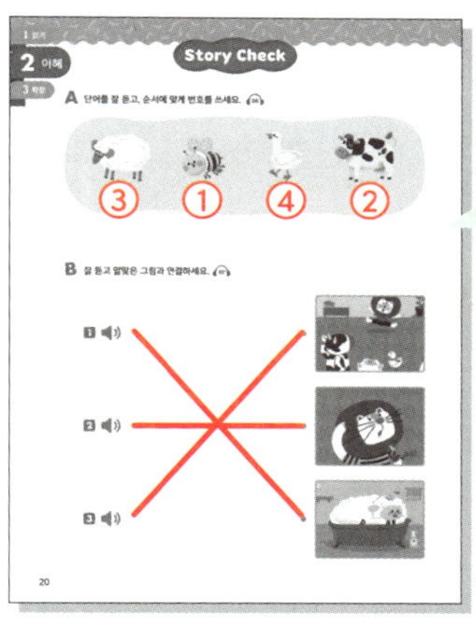

script

A

1. bee
2. cow
3. sheep
4. duck

B

1. Baa! I'm caught.
2. Where are you, Bee?
3. I found all of you!

p.21

p.22

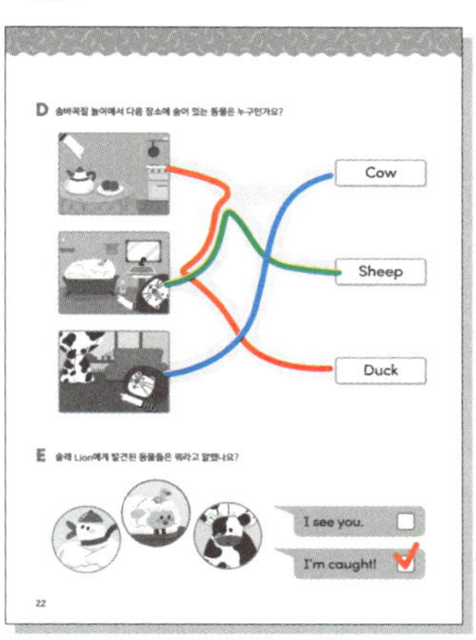

p.23

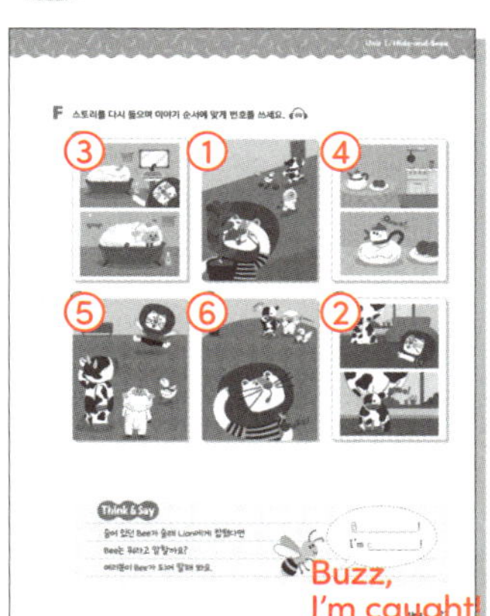

p.24

p.25

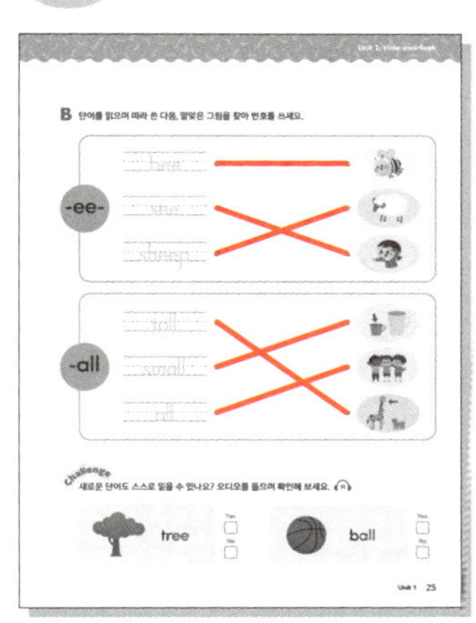

Story Reading

p.30

핍과 닷은 소풍을 가요.
그들은 행복해요.

p.31

닷은 매트를 가지고 있어요.
닷은 빵을 가지고 있어요.
그것들은 핍에겐 너무 작아요.
핍: 그건 너무 작아.

p.32

닷은 방망이를 가지고 있어요.
닷은 공을 가지고 있어요.
그것들은 핍에겐 너무 작아요.
핍: 이건 너무 작아.

p.33

해가 뜨거워요.
핍은 모자를 가지고 있어요.
그것은 닷에겐 너무 커요.
닷: 이건 너무 커.

p.34

핍은 연을 가지고 있어요.
그것은 닷에겐 너무 커요.
닷: 이건 너무 커.

p.35

오 안돼! 비다!
핍은 큰 우산을 가지고 있어요.
그건 그들에게 딱 알맞아요.
소풍은 재미있어요!

Story Words

picnic 소풍	happy 행복한	ball 공	hot 더운
big 큰	kite 연	rain 비, 비가 내리다	umbrella 우산

Phonics Words

-at	mat 매트, 돗자리	bat 방망이	hat 모자	fat 뚱뚱한
-un	bun (작고 둥근) 빵	sun 해, 태양	fun 재미있는	run 달리다

Answers

p.29

p.36

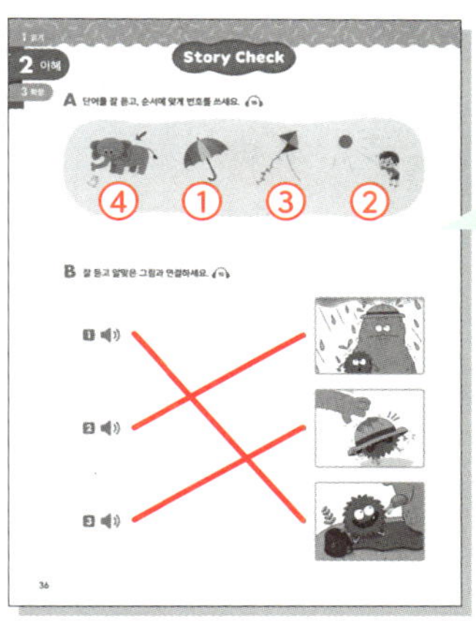

script

A
1. umbrella
2. hot
3. kite
4. big

B
1. Dot has a bun.
2. Oh no! Rain!
3. It is too big for Dot.

p.37

p.38

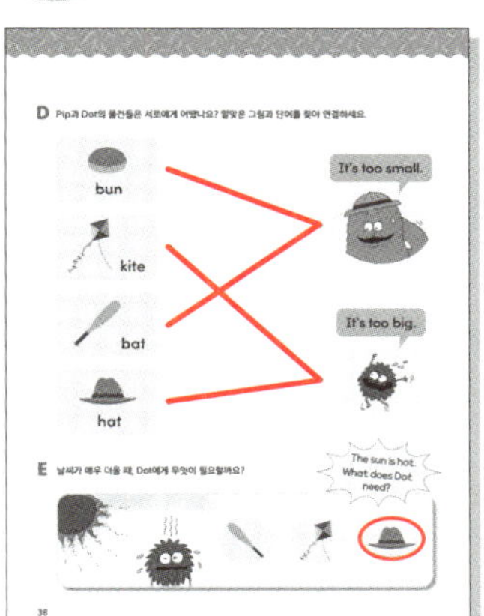

p.39

p.40

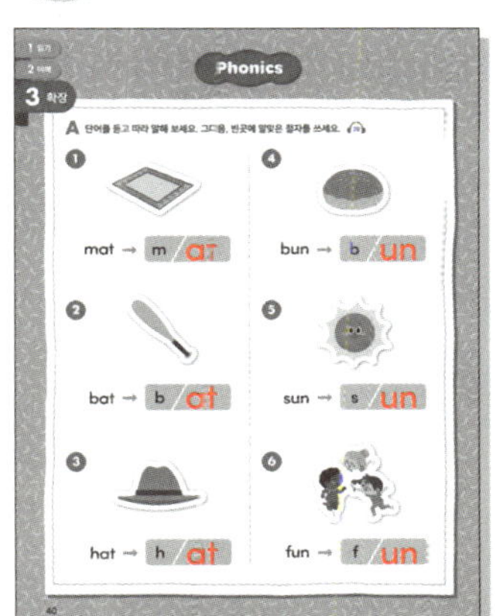

p.41

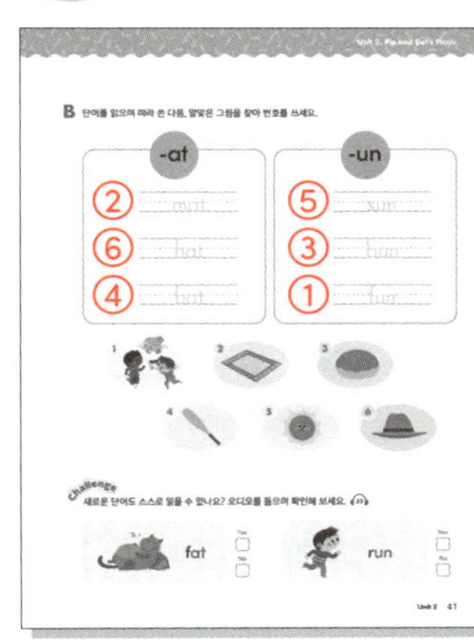

Unit 3 Fun in the Mud 진흙탕에서 놀기

Story Reading

p.46

저는 마이크예요.
이것은 나의 개, 레오예요.
우리는 함께 걷는 걸 좋아해요.

p.47

레오가 벌레를 발견해요.
그는 진흙탕 속에서 빙빙 돌아요.

Tip Ruff Ruff!: 강아지가 짖을 때 내는 소리예요.
우리말로 하면 '멍멍!'과 같아요.

p.48

레오가 생쥐를 발견해요.
그는 진흙탕 속에서 뛰어요.

p.49

레오가 자전거를 발견해요.
그는 그것을 뒤쫓아 가요.

p.50

우리는 집에 와요.
진흙이 깔개 곳곳에 묻어 있어요.

p.51

"괜찮아, 레오야."
나는 레오를 껴안아 줘요.

Story Words

dog 개	walk 걷다	spot 발견하다	spin (빙빙) 돌다
mud 진흙탕	mouse 생쥐	jump 뛰다, 점프하다	chase 뒤쫓다

Phonics Words

-ike	Mike 마이크(남자 이름)	bike 자전거	like 좋아하다	hike 도보여행을 가다
-ug	bug 벌레, 작은 곤충	hug 껴안다	rug 깔개	mug 머그잔

Answers

p.45

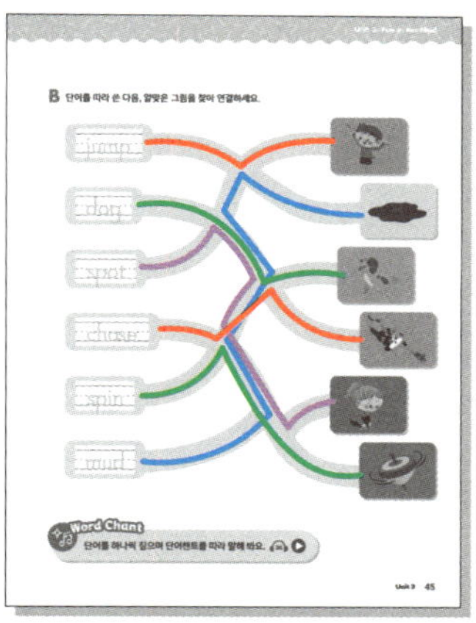

p.52

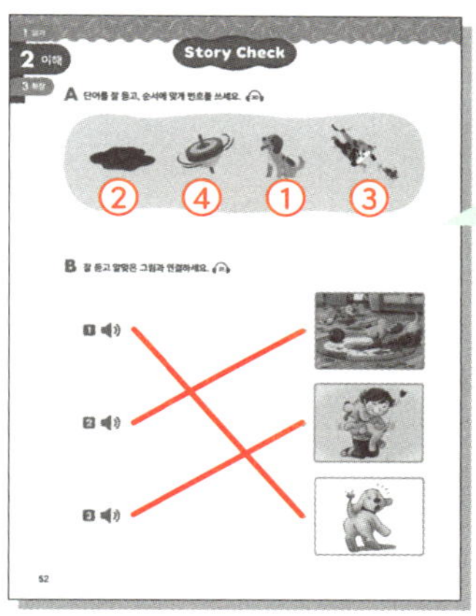

script

A
1. dog 2. mud
3. chase 4. spin

B
1. Leo spots a bug.
2. There's mud all over the rug.
3. "It's okay, Leo." I hug Leo.

p.53

p.54

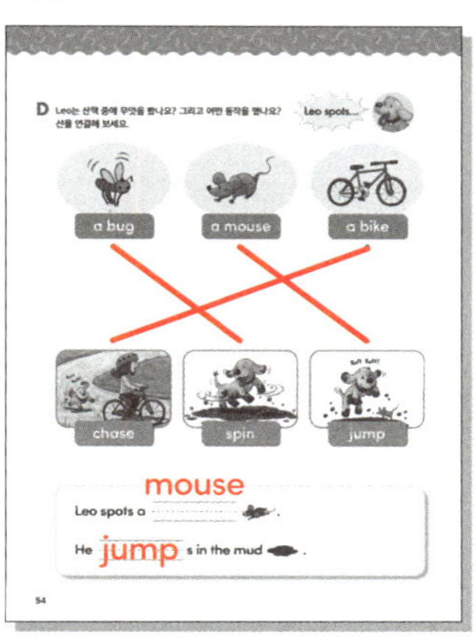

p.55

p.56

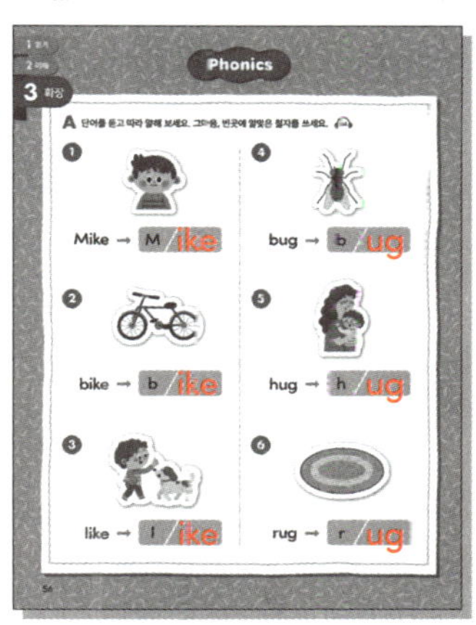

p.57

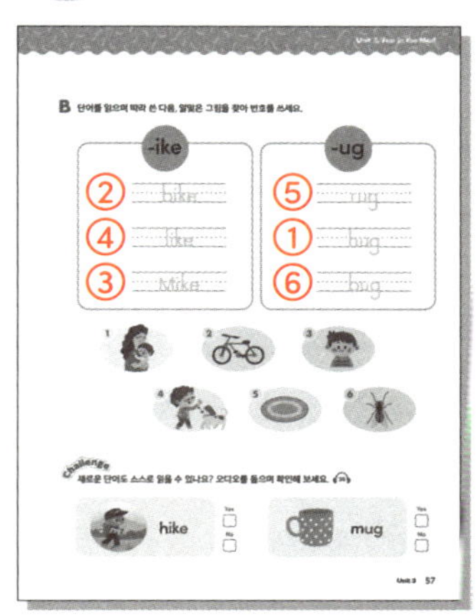

Story Reading

p.66

1초 동안,

피기: 나는 "안녕!"이라고 말할 수 있어.

버니: 그러면 나는 "잘 가!"라고 말할 수 있어.

p.67

피기: 나는 윙크할 수 있어.

버니: 나는 미소 지을 수 있어.

Tip tick-tock: 똑딱똑딱(시계 소리)

p.68

1초 동안,

피기: 나는 발을 두 번 구를 수 있어.

버니: 나는 높이 뛸 수 있어.

p.69

피기: 나는 빨리 마실 수 있어.

버니: 저건 작은 잔이잖아!

p.70

1초 동안,

피기: 나는 방귀 뀔 수 있어.

버니: 으, 냄새나!

p.71

버니: 나는 재빨리 도망칠 수 있어!

피기: 미안해.

Tip run away: 달아나다
in a blink: 눈 깜짝 할 사이에

Story Words

second (시간 단위) 초	say 말하다	stomp 발을 구르다	twice 두 번
high 높이	drink 마시다	glass 유리잔	fart 방귀를 뀌다

Phonics Words

-nk	wink 윙크하다	drink 마시다	blink 눈을 깜박이다	pink 분홍색
sm-	small 작은	smile 웃다, 미소 짓다	smell 냄새, 향	smart 똑똑한

Answers

p.65

p.72

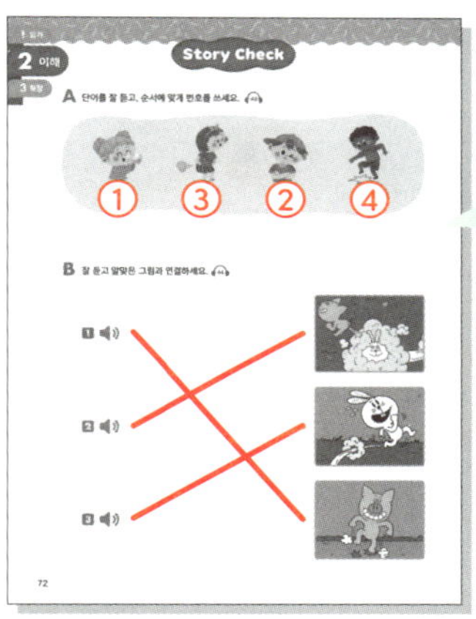

script

A

1. drink
2. wink
3. fart
4. stomp

B

1. I can stomp twice.
2. Ew, what a smell!
3. I can run away in a blink!

p.73

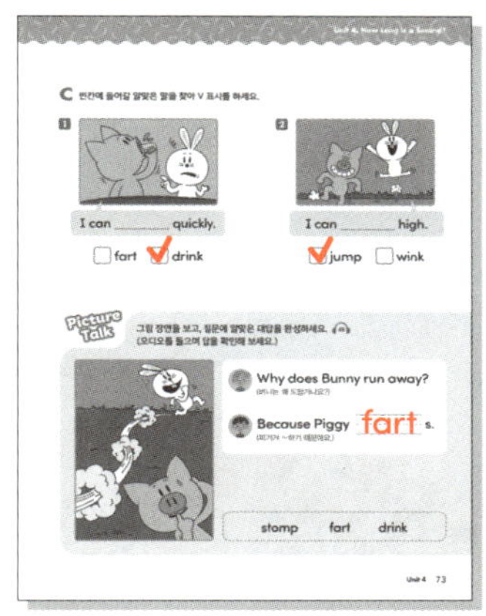

p.74

p.75

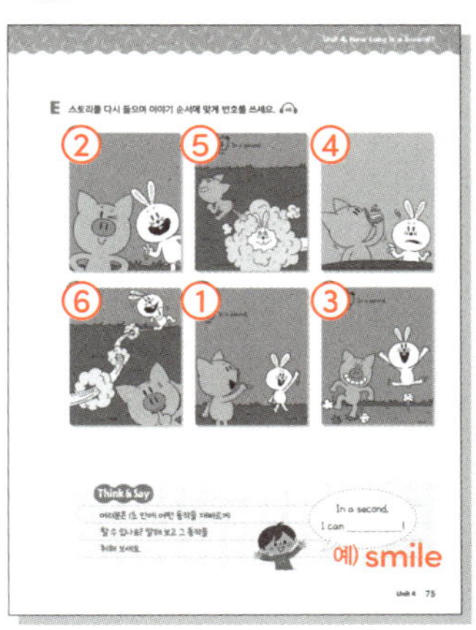

p.76

p.77

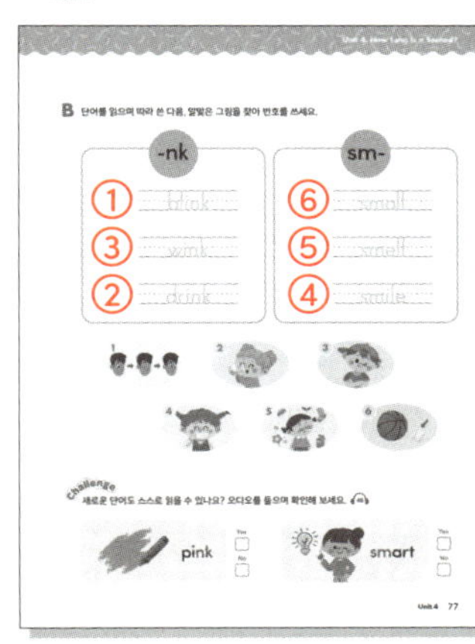

Story Reading

p.82

나는 다리가 두 개야.
오리도 다리가 두 개 있어.

p.83

고양이는 다리가 네 개야.
여우도 다리가 네 개 있어.
"오, 멋있는 꼬리를 가지고 있네!"

p.84

무당벌레는 다리가 여섯 개야.
벌도 다리가 여섯 개야.

p.85

거미는 다리가 여덟 개야.
전갈도 다리가 여덟 개 있어.

p.86

봐!
노래기는 다리가 아주 많아!
셀 수가 없어.

Tip millipede: 노래기. 건드리면 노린내와 같은 독한 냄새를 풍겨서 이런 이름이 붙었다고 해요.

p.87

달팽이는 다리가 없어.
"봐! 달팽이가 내 손톱 위에 있어."

Story Words

leg 다리	two 2, 둘	four 4, 넷	spider 거미
ladybug 무당벌레	scorpion 전갈	eight 8, 여덟	snail 달팽이

Phonics Words

-ai-	snail 달팽이	tail 꼬리	nail 손톱	mail 우편
-x	six 6, 여섯	fox 여우	box 상자	fix 수리하다

Answers

p.81

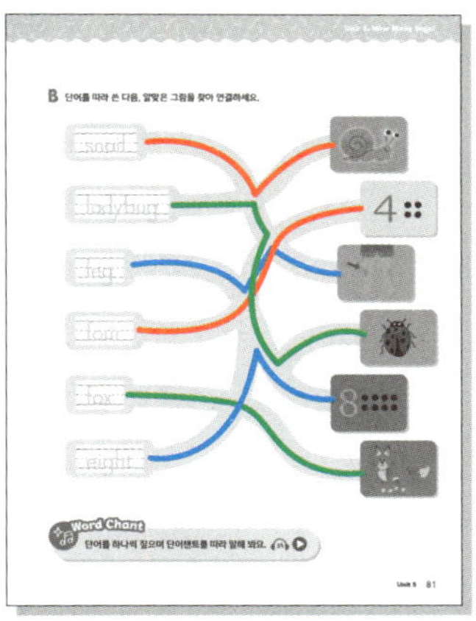

p.88

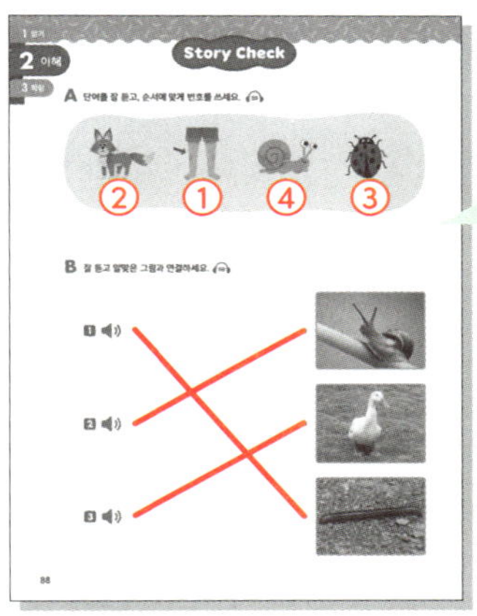

script

A

1. leg 2. fox
3. ladybug 4. snail

B

1. A millipede has lots of legs!
2. A snail has no legs.
3. A duck has two legs.

p.89

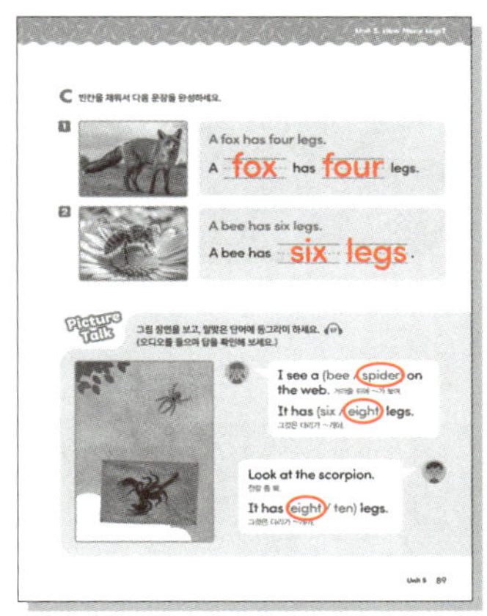

p.90

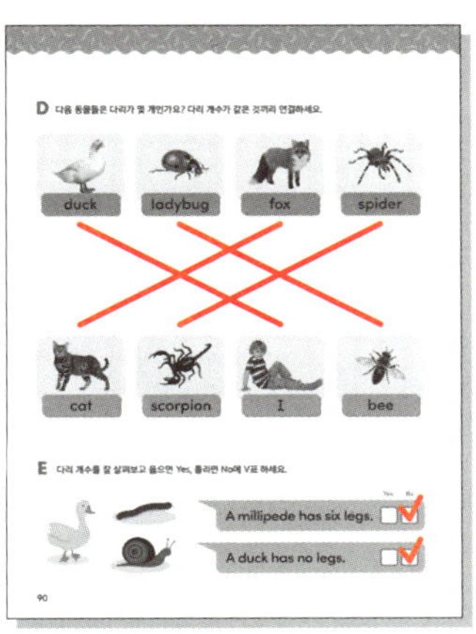

p.91

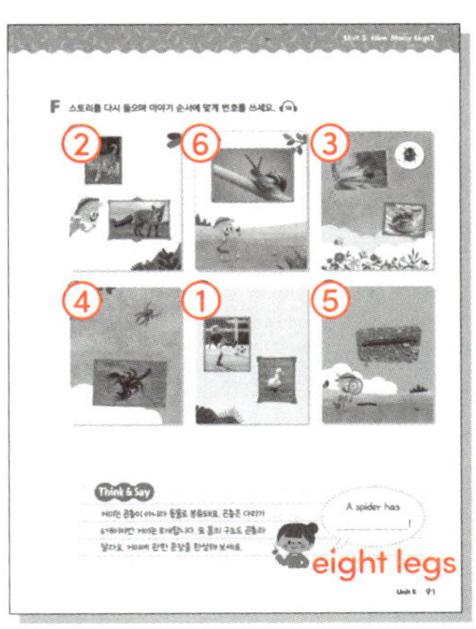

p.92

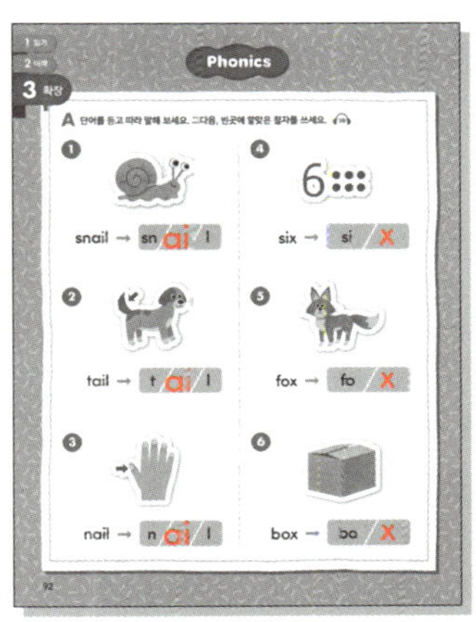

p.93

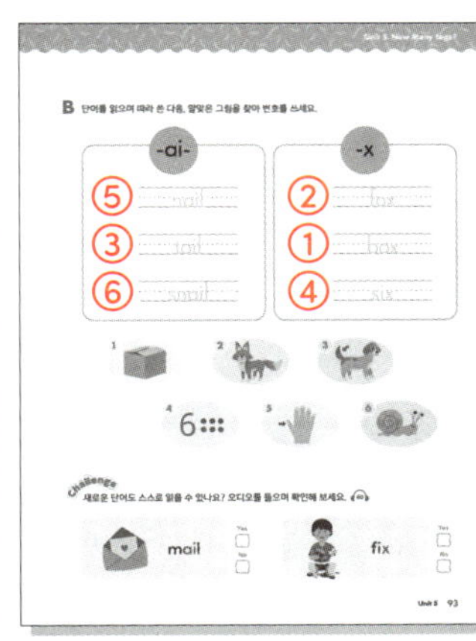

Story Reading

p.98

농부가 작은 씨앗을 심어요.
씨앗은 점점 더 크게 자라요!
그 씨앗은 거대한 순무가 되어요.

Tip -er이 붙으면 비교하는 말이 돼요.
big(큰) - bigger(더 큰)

p.99

농부가 거대한 순무를 잡아당겨요.
하지만 그것은 전혀 움직이지 않아요.
농부: 와서 도와줘!

p.100

농부의 아내가 와서 함께 당겨요.
여전히, 순무는 움직이지 않아요.
아내: 와서 도와줘!

Tip Heave-ho!: 영차!

p.101

소년이 와서 당겨요.
순무는 움직이지 않아요.
소년: 와서 도와줘!

p.102

강아지와 고양이도 함께해요.
그리고 생쥐도 함께해요.
그들은 당기고 또 당겨요.

p.103

거대한 순무가 뽑혀 나와요!
그들은 기뻐서 깡충깡충 뛰어요.
이제 땅에 커다란 구멍이 났어요.

Story Words

plant (씨앗 등을) 심다	tiny 아주 작은	seed 씨, 씨앗	giant 거대한
turnip 순무	pull 당기다, 끌다	move 움직이다	hole 구덩이

Phonics Words

-er	farmer 농부	bigger 더 큰	sister 누나, 언니, 여동생
gr-	grow 자라다	ground 땅	grass 풀, 잔디
-oy	boy 소년	joy 기쁨	toy 장난감

Answers

p.97

p.104

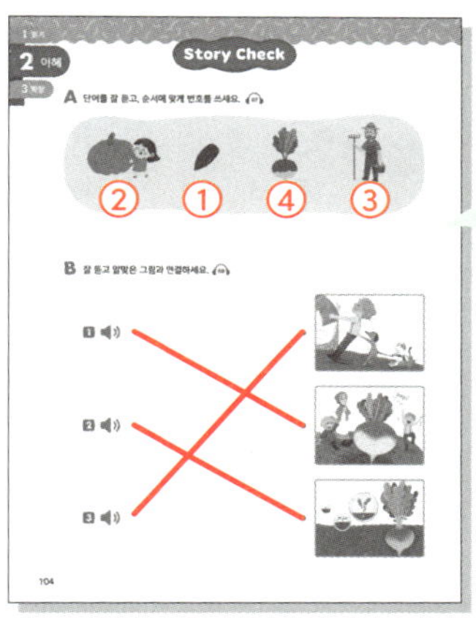

script
A
1. seed 2. giant
3. farmer 4. turnip

B
1. The giant turnip pops out!
2. The seed becomes a giant turnip.
3. A mouse joins in too.

p.105

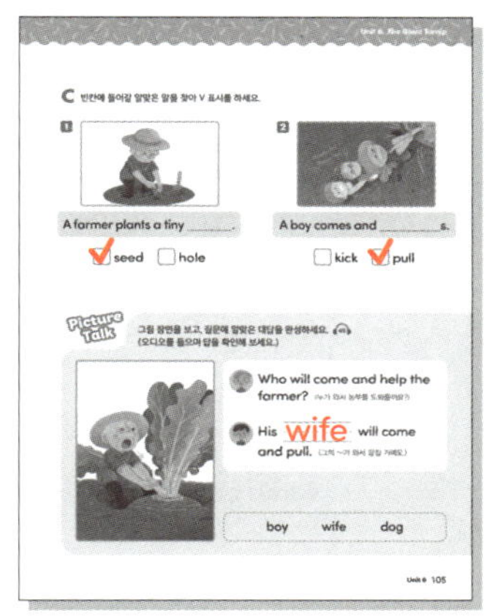

p.106

p.107

p.108

p.109

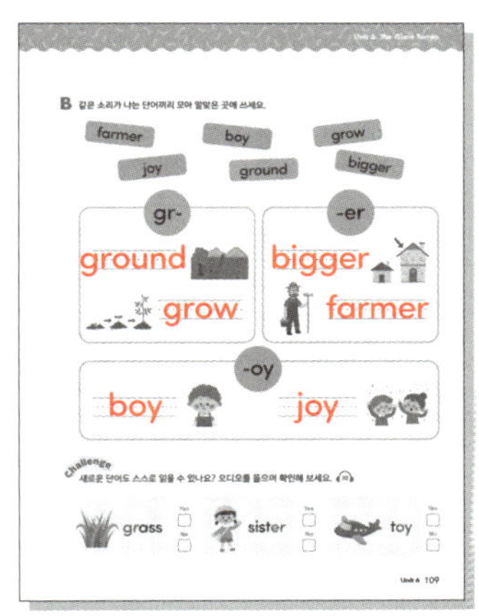

Review Test 정답

p.59

Review Test 1

Unit 1~3

Words 그림을 보고 알맞은 단어에 V 표시를 하세요. / 10

1 ☑ cow ☐ duck
2 ☑ rain ☐ mud
3 ☐ kite ☑ umbrella
4 ☑ spot ☐ jump
5 ☑ dog ☐ sheep
6 ☐ big ☑ short
7 ☐ bat ☑ kite
8 ☑ see ☐ jump
9 ☐ short ☑ big
10 ☑ mud ☐ hat

Review Test 1 59

p.60

Comprehension A 다음을 읽고 알맞은 그림에 V 표시를 하세요. / 6

1 a big hat
2 chase after a bike
3 tall and short
4 spin in the mud
5 a big umbrella
6 spot a bug

60

p.61

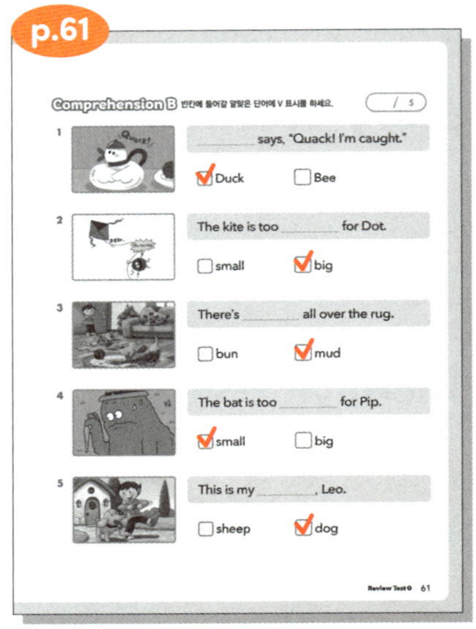
Comprehension B 빈칸에 들어갈 알맞은 단어에 V 표시를 하세요. / 5

1 ______ says, "Quack! I'm caught." ☑ Duck ☐ Bee
2 The kite is too ______ for Dot. ☐ small ☑ big
3 There's ______ all over the rug. ☐ bun ☑ mud
4 The bat is too ______ for Pip. ☑ small ☐ big
5 This is my ______, Leo. ☐ sheep ☑ dog

Review Test 1 61

p.62

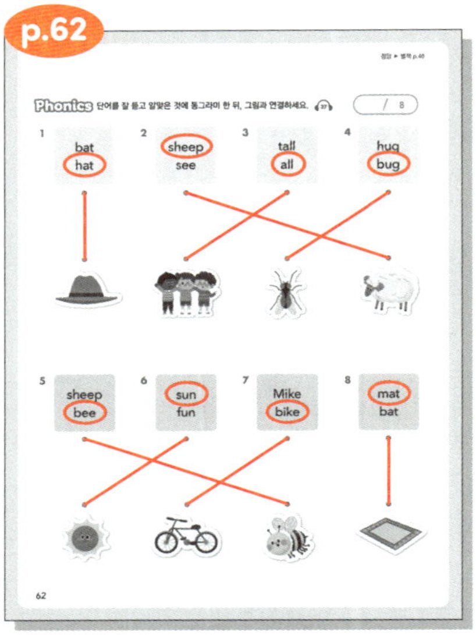
Phonics 단어를 잘 듣고 알맞은 것에 동그라미 한 뒤, 그림과 연결하세요. / 8

1 bat (hat)
2 (sheep) see
3 tall (all)
4 hug (bug)
5 sheep (bee)
6 (sun) fun
7 Mike (bike)
8 (mat) bat

62

p.111

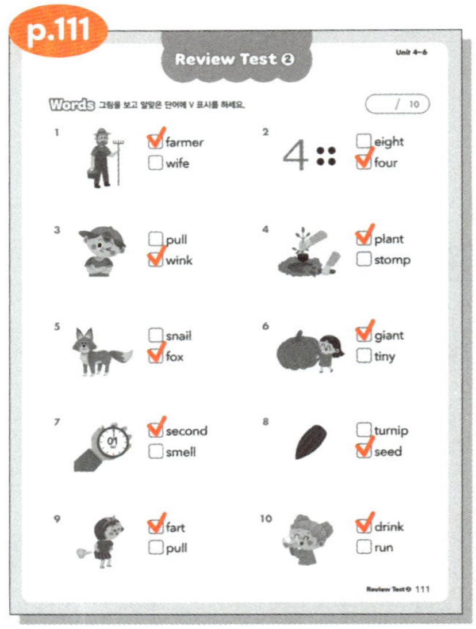
Review Test 2

Unit 4~6

Words 그림을 보고 알맞은 단어에 V 표시를 하세요. / 10

1 ☑ farmer ☐ wife
2 ☐ eight ☑ four
3 ☐ pull ☑ wink
4 ☑ plant ☐ stomp
5 ☐ snail ☑ fox
6 ☑ giant ☐ tiny
7 ☑ second ☐ smell
8 ☐ turnip ☑ seed
9 ☑ fart ☐ pull
10 ☑ drink ☐ run

Review Test 2 111

p.112

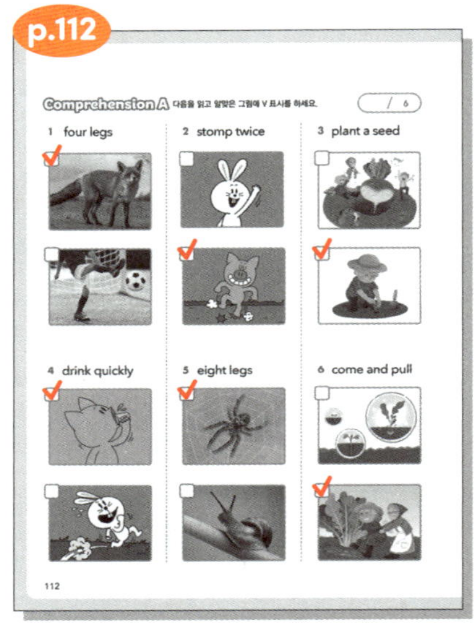
Comprehension A 다음을 읽고 알맞은 그림에 V 표시를 하세요. / 6

1 four legs
2 stomp twice
3 plant a seed
4 drink quickly
5 eight legs
6 come and pull

112

p.113

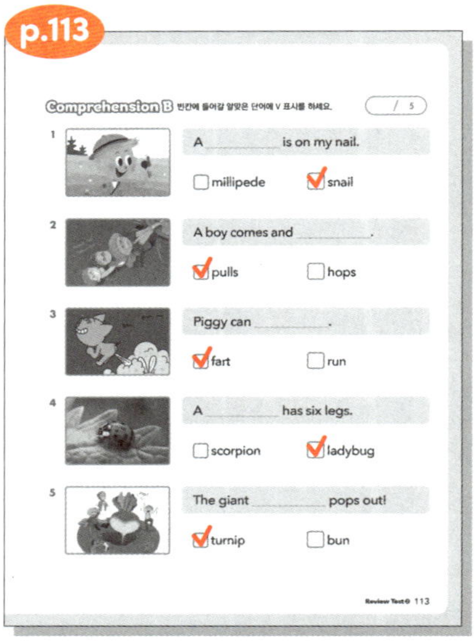
Comprehension B 빈칸에 들어갈 알맞은 단어에 V 표시를 하세요. / 5

1 A ______ is on my nail. ☐ millipede ☑ snail
2 A boy comes and ______. ☑ pulls ☐ hops
3 Piggy can ______. ☑ fart ☐ run
4 A ______ has six legs. ☐ scorpion ☑ ladybug
5 The giant ______ pops out! ☑ turnip ☐ bun

Review Test 2 113

p.114

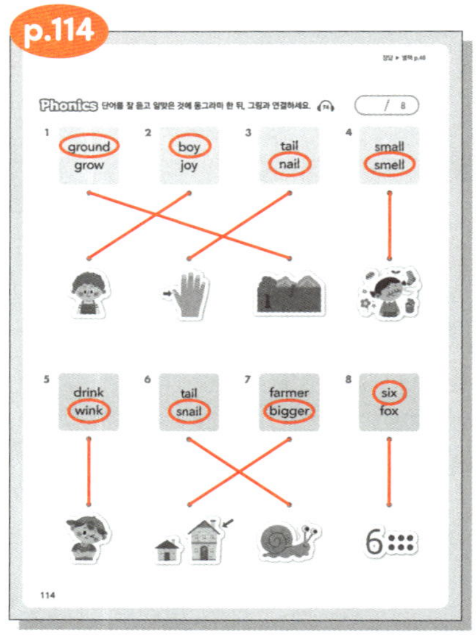
Phonics 단어를 잘 듣고 알맞은 것에 동그라미 한 뒤, 그림과 연결하세요. / 8

1 (ground) grow
2 (boy) joy
3 tail (nail)
4 small (smell)
5 drink (wink)
6 tail (snail)
7 farmer (bigger)
8 (six) fox

114

"방법이 다르면 결과가 달라집니다"

리딩 실력을 껑충 키우는

기적만의 3-Step 완전학습

기적의 영어리딩

* 전문가가 설계한 6단계 리딩 프로그램으로 빈틈없는 영어 문해력 완성!

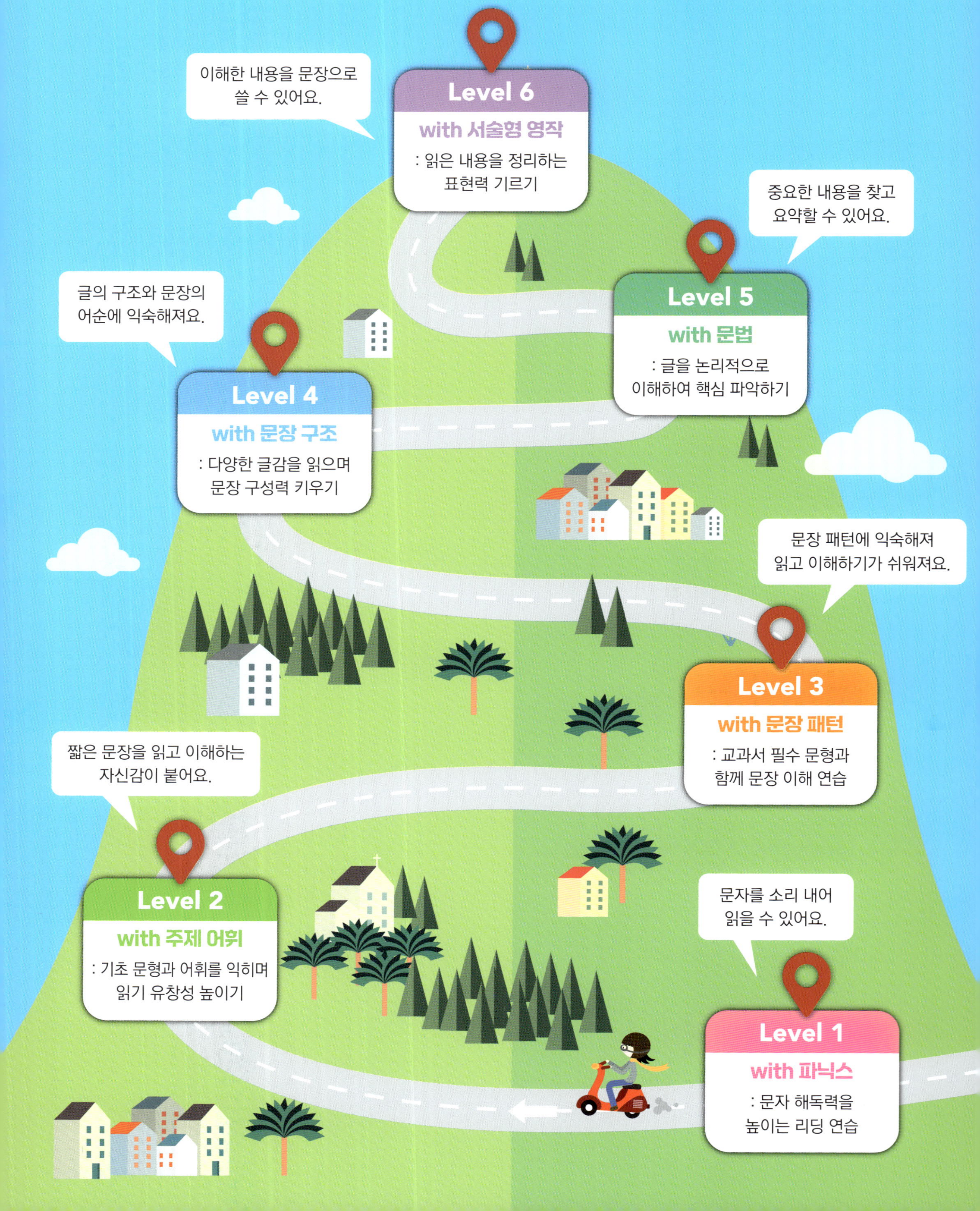